ブック・ハントのすすめ

— 読書により"知識を知恵に変える"道を学ぶ —

濵邊秀喜
Hamabe Hideki

幻冬舎MC

ブック・ハントのすすめ

——読書により"知識を知恵に変える"道を学ぶ——

はじめに

　私は大学では英語学・英文学を専攻しましたが、わずか4年間でどれほどの学問ができたか、全くと言ってよいほど心は満たされませんでした。卒業後、生涯学習という言葉に出会い、いつまでも命ある限り、読書を通して様々なことを学びたいと思い、本屋を我が書斎とみなして、自身の心の琴線に触れる本を見つけては購入し、精読してきました。今もなお「本屋大学在学中」と称して、本屋通いを続けております。

　35歳頃からブック・ハントを始め、素晴らしい本・力作との出遭いを求めて20年余り毎週土日は殆ど、規模の大きな本屋で1日100冊ぐらいを、10余りの分野から手に取り、はしがきと目次、あとがき等を読み、気に入ったものを毎回数冊程買って、約2000冊余りを自宅の書棚に保管することになりました。「読書は知的格闘技」という言葉に、私は強い共感を覚えます。そしてそのような思いで読書を実践してきました。何万、何十万冊もの書籍を所蔵し、読書の大家と言われる方々は大勢いらっしゃるかも知れません。その方々に比べると私の実践は微々たるものにすぎないと思いますが、72歳になった今もまだ本屋に行って、国際政治や経済、医学、哲学、文学等々、様々な分野の書籍を購入して読んでおります。大学や大学院を卒業しても、その期間で学ぶこと以上にその後に学ぶことの方が遙かに多いと思います。学歴がどんなに高くても生涯学習・生涯研鑽の軌道から外れてしまうと、例外はあるにせよ、殆どの場合探究の極み近くにまで到達することは不可能ではないかと思います。

　人は誕生し、幼年期、少年・少女時代、青年時代を経て成人となる過程で、また成人した後もずっと何等かの苦悩を抱える、或いは様々な課題や問題に直面する、それは誰人も経験する当たり前のことだと思います。人生は平穏な時はともあれ、苦難に遭遇した時の対応如何でその人の人生が沈むこともあれば浮かぶこともあるのではないでしょうか。政治・経済・社会・スポーツなどの世界でも連日のように人間の栄枯盛衰をみせつけられるようなニュースが次々と報道され、「まさかあの人が！」と驚くような、転落や奈落に沈む有名人の事件の顛末を見聞きし、何をどこでどうしてどのようにして間違ったのだろうと首を傾げたくなるようなことが後を絶ちません。このような事件を聞くにつけ見るにつけ、人生万般にわたる知恵・知識・見識・知性などを始め、何等かの判断や決断を下す際に必要な知力や胆力のレベルが問われるような気がしてなりません。私自身も数多くの失敗を経験してきました。しかし何とか問題が大きくならないように対処できて今日を迎えることができました。仕事や人間関係等で失敗しても、「失敗から学ぶ」ことも多かったと思います。しかし、失敗という経験から学べることは限定的なものであり、大局的な視点が欠如していれば、却って何度も失敗を繰り返すといった罠に嵌まってしまう可能性があるのではないかと思います。

　私は様々な事情から７つ以上の全く違う仕事を経験することを余儀なくされました。また結婚後何回も離婚について考えさせられ、還暦後数年が経過するまでに同じ妻に離婚届を２回も書かされ、書類に捺印して妻に渡したことが昨日のことのように思い出されます。結婚45周年を迎えた今もまだ同じ妻ですが。孤独に苛まれながらも本に親しみ、読書を通じて孤独に馴染む方法を学び、

心の中で泣きながら、考えに考え、思索に思索を重ね、少々の生きる知恵を学び、身につけることができたのではないかと思います。

14歳の時から19歳まで、プラトニック・ラブ（Platonic love）でしたが、５年間余り、思い焦がれた女性との間で失恋を経験し、本当に自殺しようと思い、下を国鉄の電車が走っている高架橋から飛び降りようとして実際にそこに行き、この世に引き戻されるようにして思いとどまったこともありました。

「生苦（しょうく）」とは仏教で説かれる四苦の一つですが、この世に生まれ出ることに伴う苦しみ、また生きること自体に伴う苦悩を意味する表現です。「生老病死（しょうろうびょうし）」という誰人も免れ得ない根源的な四苦に、愛別離苦・求不得苦・怨憎会苦・五陰盛苦の四つの苦悩を加えて八苦と言い、元来仏教由来の用語である「四苦八苦する」という言葉が一般的にも使われております。前著『気づきと感謝で、苦を楽に変える道を学ぶ 還暦からの旅立ち―日本語教師として』（風詠社刊　2017）でもこのことには触れましたが、煩悩という「衆生の心身をわずらわし悩ませる一切の妄念」（『広辞苑　第六版』）によって、人は皆、様々に翻弄されます。「煩悩を断ずる」という表現がありますが、私が習った仏教では「煩悩即菩提」と言って、煩悩を断ずるのではなく、「煩悩の薪を焼いて菩提の慧火現前するなり」、「煩悩の汚泥の中に真如の仏あり」などと言った教えを学びました。仏教の祖である釈尊自身が四苦八苦を経験し尽す中で悟りを開いた訳ですから、煩悩を否定することなく煩悩を味わい尽くす中で悟達する、即ち「生きる知恵を発見する」とでも言い換えることができるでしょうか。より深い知恵・知識・知性を磨き、身につけることができるのは、煩悩の汚泥に塗

れても「泥沼から水の上に出た蓮華が美しい花を咲かせる」ような、そんな生き方の中にあるのではないでしょうか。百八煩悩などと言いますが、貪瞋痴慢疑等の「煩悩」を断じるのが悟り、という生き方ではなく、煩悩という薪（燃料）を燃やして、生きるエネルギーに変える道、そのような生き方を求めて、「ブック・ハントのすすめ──読書により"知識を知恵に変える"道を学ぶ──」と題して本を書いてみようと思います。

目　次

第 **1** 章

知恵と知識について

『広辞苑　第六版』（新村出編）で「ちえ」の漢字表記を調べると、「知恵・智慧」と出てきます。「智慧」は元来仏教用語で、この漢語が一般社会でも広く使われるようになり、「智慧」の漢字を簡略化し、「知恵」と表記するようになったようです。「ちしき」の漢字は『広辞苑　第六版』では「知識・智識」と表記されています。智慧の簡略化同様元来仏教用語であった「智識（善智識・悪智識など）」を簡略化して「知識」と表記するようになったようです。今日では「知恵」・「知識」と表記するのが一般的のようです。

「知識は知恵に入る門」という言葉を耳にしたことがありますが、それは本当でしょうか。知識がどれほど増えても却って困惑の度が増してしまうこともあります。知識をいくら習得しても知恵を習得することは至難の技のようにも思われます。語学の学習でドイツ語の単語をいくら覚えてもそれだけではドイツ語を上手に話せるようにはなれません。前著では、私自身が10言語の学習を続ける中で感じたことをいろいろ書きましたが、語学の学習と習得の違いは、知識の学習と知恵の習得の関係に似ているような気がします。「知識を知恵に変えるにはどうすればよいか」ということについて私は長い間考え続けてきました。知識はあっても、その知識を知恵に変換する訓練を積んでいないといざという時知識が役に立たない場合があるので、常に知識の有効活用を心掛けるようにしてきました。それでは「知識を知恵に変える訓練」とは一体どのようなものなのかについて考えてみたいと思います。

「知識を身につける」と言っても、知識の分野は余りにも広大なため、一般的に人が一生の間に身につけられる知識は極めて狭い範囲に限定されたものになるのではないかと思います。私は複数

言語の学習を長年続けて来ましたが、単語の習得だけでも大変な努力が必要であり、高齢になれば暗記力は若いころに比べ無残なほど衰えてしまいますので、覚えたい物事がなかなか頭に入りません。10言語の学習を続ける中でも「単語の知識を身につける」ことの大変さを思い知らされております。哲学・宗教・医学・薬学・歯科学・数学等々の専門知識ともなると、殆どお手上げです。

　先般知人の歯科医から「病巣感染（病巣の転移）」に関する英文（米国歯科協会ジャーナル第42巻　1951年６月）約80ページの翻訳を依頼され、辞書を引きまくり、悪戦苦闘しながら３か月余りで翻訳を完了しましたが、この手の翻訳には医学・歯科学の知識や臨床医としての経験などが必要であることを痛感しました。翻訳技術もまた一種の知恵と呼べるかもしれません。

　私は高校１年生の時にほんの小さな出来事であったかもしれませんが、衝撃的な体験をしました。冬休み中のことだったと記憶しておりますが、凍てつくようにとても寒い冬のある朝、我が家の専ら私が使っていた２階の部屋の手洗い場の水道管が破裂し、水道水で部屋中が水浸しになろうとする寸前、久し振りに家に帰っていた父が異変に気付いて、台所からジャガイモと包丁をもってきて、破裂した水道管に合うように包丁で芋を丸く象って栓をするように管口に嵌めて縛り付け、勢いよく流れ出る水道水をピタリと止めたのです。そのことに私は驚き、感激したのでした。父は木造船の船長で、当時北九州から四国・関西・関東方面等へ、セメントや砂利などを運ぶ仕事をしており、めったに家に帰ることはありませんでした。日頃父と話すことも少なく、父には寡黙な印象をもっておりましたが、無言で行動に移し、水道水を遮断した咄嗟の素朴な技術に、私は素晴らしい知恵を感じ取り

ました。そして父を尊敬するようになりました。戦時中兵役に従事している時、南方の島で食べるものが無く、木の根や草を嚙んだりして、水だけで1か月以上もの間生き抜いた体験について時々話してくれました。生存の危機に遭遇した時の生きる知恵は行動の中から生まれるのでしょうか。そのような時は、食の知識、毒の知識なども大切な知識ではないでしょうか。

　私は『ブック・ハントのすすめ』と題して、本を書いています。本のタイトルは、非常に抽象的で、内容を具象化するのはとても難しそうです。何とか実りあるものにするために、ゆっくりと思索と考察をめぐらしながら書き綴ってみたいと思います。副題は「読書により"知識を知恵に変える"道を学ぶ」としました。

　『人間の証明』（森村誠一）で初めて登場した棟居弘一良（むねすえこういちろう）刑事のドラマを何本かケーブルテレビで視聴したことがありましたが、2018年2月、改版初版として発行された『棟居刑事　悪の山』（森村誠一）という推理小説を本屋で見つけた時、著者の作品に興味があった私は、その本を購入し、読んでみました。私は登山には興味はありますが、元来足腰が強靭ではありませんので国内外のアルプス登攀に挑戦など思いもよらないことですが、小説などで山の怖さや魅力について書かれた文章には興味を示して来ました。海の恐ろしさは、子供のころから祖父に同伴して釣り舟で沖へ出かけた時、異常な雲が現われ、突然の暴風に見舞われるなど何度か怖い目に遭った体験の記憶があり、自然の猛威には畏れを感じます。登山家が登攀を好む高い山では、変わり易い天候に翻弄されることが屡々（しばしば）あると聞きます。この小説では、「美しい穏やかな青空の衣装の下には、凶悪な季節風が隠れている」とか、「優

勢な高気圧の張り出しと共に、季節風が強まり、雪雲に伴って秋山から冬山へと変貌した」などと不安定な山の気象について書かれていました。例えば「登山の知恵と知識」などと題する本があれば、気象についての知恵や知識も重要な項目の一つにあげられているかも知れません。人生の万般に渡り、知恵や知識を身につけることは不可能だと思いますが、自身の係わる範囲で、それらを獲得しようと努めることは望ましいことだと思います。この本は推理小説ですが、登攀・遭難・恋愛・犯罪・捜査・人の生き方など様々なことについての知恵や知識を教えてくれました。読書は、知恵や知識を身につけるための基盤造りの一つと言っても過言ではないと思います。

　あの人は博覧強記だと言うと、「ひろく古今・東西の書物を見て、物事をよく覚えている人」（『広辞苑　第六版』）のことですが、それだけでは人生の窮地を乗り切ることはできないのではないかと思います。人生の諸問題を解決するには、深い知恵と優れた知識が必要だと思われます。「知識を知恵に変える道」を学ぼうと思う時、「知恵と知識の関係」についての思索も欠かせません。知性と見識についても『広辞苑　第六版』で調べてみました。知性とは、「頭脳の知的な働き。知覚をもととしてそれを認識にまで作り上げる心的機能。広義には知的な働きの総称。狭義には感覚により得られた素材を整理・統一して認識に至る心的機能。」と書かれています。そして見識については、「物事の本質を見通す、すぐれた判断力。また、ある物事についてのしっかりした考え、見方。」と説明されています。知性や見識が機能するには当然のことながら知恵や知識が大いに関係しているように思われます。「頭脳の知的な働き」とありますが、「知的」とはどういう意味で

しょうか。『広辞苑　第六版』には、「知識・知性に関するさま。知識・知性の豊かなさま。」とあります。では「知的生活」とは、「豊かな知識・知性に基づいて営まれる生活」とでも定義されるのでしょうか。

　私は先般亡くなられた渡部昇一氏の『知的生活の方法』や『知的余生の方法』なども愛読してきました。『知的余生の方法』の中で渡部氏は「内発的興味」について次のように述べています。「本書を読む方は、少しでも早く自己の『内発的興味』を発見し、毎日毎日、少しずつでもいいから勉強していくとよい。この小さな積み重ねが、将来、花開くのである」と。また次のような文章も見られます。「学者の間で囁かれている話では、晩酌が一番の楽しみとか、酒宴がこの世の楽しみになっている人は、きちんとした本を残せないというのである。……ただし私は、晩酌をして幸福感を持って布団に入る生き方も、ひとつの人生の美学であり、立派なことだと思う」と。渡部氏は『古事記』に関する深い知識に基づいて書かれた本を始め、様々な分野において数多くの優れた著作を残された偉大な学者の１人です。私の知人の１人は、「渡部氏のような人を知の巨人と呼ぶべきで、Ｉ氏やＳ氏をそう呼ぶのは間違いでしょう」と言っています。渡部氏は95歳まで生きることを提唱しておられましたが、86歳で逝かれました。さぞご無念だったのではないでしょうか。「家内でも娘でも嫁でも孫でもよいが、食事に私を呼ぶために、書斎に迎えに行ったら、本をひろげて死んでいたという光景は、私の本望でありすこぶる好ましいように思われる」と『知的余生の方法』のあとがきで述べておられます。謹んでご冥福をお祈りしたいと思います。

　私は65歳を過ぎた頃からイチョウ葉エキスのサプリメントを摂

り始めました。イチョウ葉には記憶力の維持に役に立つと言われているフラボノイドやテルペンラクトンなどの成分が含まれており、外国語の単語等を覚える力が衰えることを少しでも防げるのではないかと思い、使い始めた次第です。その時点ではサプリメントについての知識が乏しく、水で飲めばいいのだろうというぐらいの認識しかありませんでした。商品（サプリメント）の説明文にも詳しいことは殆ど載っていませんでしたので、夜寝る前に水で飲んでいました。その後どのぐらいの月日が流れたのか、記憶は定かではありませんが、サプリメントに関する本を購入して読んでみました。そして自分の無知に恥じ入りました。サプリメントには薬に近いものがあり、イチョウ葉は正にそのようなものであることを知りました。

『知らないと危ない！　サプリメントの利用法と落とし穴』（生田哲）によると、「ボケによる記憶力の減退を阻止するのに利用されているイチョウ葉エキスは、ドイツでは薬だが、わが国ではサプリメントである」とのことです。この本の中にはイチョウ葉エキスに関する次のような記述がありました。「イチョウ葉エキスは多くの商品が市場に出ているが、副作用として皮膚炎や腹痛などのアレルギーを起こす商品も出まわっているから、注意。……イチョウ葉エキスの副作用の原因はギンコール酸というアレルギー物質である。……ドイツでは、イチョウ葉エキスは脳の血管循環の改善やアルツハイマー病の予防に利用される医薬品であるため、エキス中のギンコール酸の濃度は5ppm以下にするように成分の規格基準が定められている。だが、わが国では……成分の規格基準がない。……イチョウ葉エキスは眠気をさまし、記憶力を高め、……だが、これをアスピリンやワルファリンといった

抗血栓剤と併用すると、……出血しやすくなる。……」等々。私はイチョウ葉エキスについてのその他の知識も入手し、このサプリメントの使用法を変更しました。「眠気を覚ます」作用があるのですから摂取する時間を寝る前から朝に変えました。また「血流改善を促す」、「抗血栓剤と併用すると出血しやすい」のですから手術前の患者とか妊婦などは使用を控えた方がいいのではとも思いました。「記憶力維持」のためのサプリメントとして人気のあるイチョウ葉エキスの活用を考える前に、或いは同時に、その作用や副作用はもとより、さらに深い知識を求めることの大切さを私は思い知らされました。何事につけ、様々な情報を知識として学び、身につけ、それを事ある毎に学んだ知識に基づいて活用する経験を重ねることによって知恵は深まるのではないでしょうか。

　常に正確で正しい知識を得ることが求められますが、便利な検索機能を駆使できるインターネット上にはかなり怪しい情報が蔓延しています。その点真摯な作者が渾身の知力を振り絞って書き残した優れた著作物にはいろいろな分野の正しい知識が詰まっているように思われます。しかし間違った、誤った情報や知識が記載されていないとも限りませんのでそれを見抜く力を読者は日頃から鍛えなければなりません。

　先述した通り、私は35歳頃からガール・ハントを真似て、ブック・ハントと称し、殆ど毎週土日は大規模書店に入り浸って、これはと思う本を探しまくりました。20年以上続けたブック・ハントでしたが、50代後半は職場が山の中になってしまいましたので、定年（満60歳）までの数年間は近くに大きな本屋がなかったためブック・ハントはできませんでした。それでも本は読んでいまし

た。読書が進めば進むほど自身の無知に気づき、更に読書に励む
といった具合で、知的探求生活に没頭する日々が多かったように
思います。私は難解な本を読む時、特に原書（英文）を読む時の
速度は遅く、スキミングやスキャニングはなかなかできませんで
したので、丁寧に反芻しながら精読するのが常でした。70代に入っ
てから、大学の原書講読で読まされた本を見つけ出して再度初め
から終わりまで精読してみました。本のタイトルは『NATURE
AND LIFE』で数学者・哲学者であったA.N. WHITEHEADによ
る著作です。

　この本の冒頭には、編著者である由良君美氏の次のような「は
しがき」が掲載されています。長文のため、一部のみ原文通り抜
粋してみます。

「この大器は諺どうり、非常に晩成であった。87才という長命を、
死に至る瞬間まで、頭脳の面では時代の第一線に立って生き抜く
ことのできた彼の一生は、当然、異例なまでに実り豊かであった。
……数学の専門家として生涯を開始していながら、……哲学者と
しての仕事が本格的に展開されたのも、彼がロンドン大学を63才
で停年退職し、老軀をひっさげて異国のアメリカに渡り、ハー
ヴァード大学の教授になった晩年の20数年間のことなのである。
……ここで彼は、Descartes以来、ヨーロッパの思想に生じた物
質と精神の二元論的な分裂を、相対性理論後の新しい思想の地盤
に立って、統一しようとする。Descartes以来の機械的自然観（古
典物理学の世界像）と目的・価値的な人間精神との新しい統合を
説き、古典物理学の生命なき自然から生ける自然へ向う、人間の
思想史の素描を巧みに描きあげている。……」

この『自然と生命』と題するホワイトヘッドの哲学講演の英文54ページを大学生の時に読まされ、日本語に訳すのに四苦八苦した思い出が残っていたことと、本の内容に強く魅かれたこともあって、50年余りの歳月を経て再度訳読に挑戦してみました。決してスラスラとは読めませんでしたが、何とか最後まで読み通すことができました。これは1934年に論述されたもので、既に古典と言えるものかも知れませんが、物理学を始め、様々な分野の知恵と知識を確認できました。

プラトンの考えに基づく「Philosophy is the product of wonder.」（哲学は驚異の産物である）という文章から始まっているこの論考の中で、私は特に、デカルトの二元論がもたらした様々な弊害について述べられている箇所、自然（物質）と精神の厳格な分離を批判し、自然と精神・物質と精神の融合を説いている箇所に深く感動したことを覚えています。私が学生時代に興味を抱き始めた「生命とは何か」という哲学的命題に真剣に取り組むきっかけとなったのがホワイトヘッドのこの本でした。

The status of life in Nature is the standing problem of philosophy and of science. Indeed, it is the central meeting point of all the strains of systematic thought, humanistic, naturalistic, philosophic. The very meaning of life is in doubt. When we understand it, we shall also understand its status in the world. But its essence and its status are alike baffling.

（私訳）自然における生命の状況は哲学と科学の永続的な問題である。確かにそれは人文科学、自然科学、哲学等、あらゆる系統

の体系的思想が直面する中心的核心である。生命の意味そのもの
が不確かである。我々人類が生命の意味を理解する時、我々はま
た世界における生命の状況を理解することになろう。しかし、そ
の本質とその状況は等しく不可解である。

「生命とは何か」ということについて考える時、私は常に仏教哲
学の「色心不二」という言葉に基づいて考察するようにして来ま
した。「色」は色法のことで、物質を意味します。「心」は心法の
ことで、精神を意味します。色法、つまり外形に現れるものと、
心法、即ち内面の世界の二つが不二（一体）であることを仏教哲
学では色心不二と言います。この考え方に基づくと、物質と精神
は一体不二のもので、フランスの哲学者ルネ・デカルト（1596－
1650）の二元論（宇宙の構成要素を精神と物質の2実体とする考
え方で、両者は相互に無関係と説く）とは根本的に対立する考え
方です。

　ホワイトヘッドは、デカルトの二元論について次のように述べ
ています。

At the beginning of the modern period Descartes expresses
this dualism with the utmost distinctness. For him, there are
material substances with special relations, and mental
substances. The mental substances are external to the material
substances. Neither type requires the other type for the
completion of its essence. Their unexplained interrelations are
unnecessary for their respective existences. In truth, this
formation of the problem in terms of minds and matter is

unfortunate.

（私訳）近代の初めにデカルトは最大限の明確さをもってこの二元論についての考えを述べている。彼にとっては、空間的関係を持った物質的実体と精神的実体がある。精神的実体は物質的実体と無関係である。双方の類型はその本質の完成のために他方を必要としない。解明されていない双方の相互関係は各自の存在にとって不要である。事実この精神と物質による問題形成は不適当である。

　デカルトの二元論について私は以前から疑念を抱いていましたので、ホワイトヘッドがこの二元論についてどのように論じているか、大変興味がありました。デカルトはその著『方法序説』の中で「人間と動物の精神はひどく違っており、私どもの精神は身体からまったく独立したものと言ってよい。従ってそれは身体とともに死滅すべきものではない。この精神を打ち滅ぼす他の原因が発見されない以上、われわれは当然のこととして、精神は不滅であると判断してよい」（落合太郎訳）と述べています。これは極めて哲学的な見解です。

　古くから唯物論、唯心論という考え方がありますが、これらはデカルトの二元論とは違うように思います。デカルトは物質と精神を切り離し、物質については「機械論的」説明を試みていますが、物質であるとされる身体から独立したものとして「考える精神」についても考察していますから唯物論や唯心論とは根本的に違う展開をしているように私には思われます。唯物論については、『広辞苑　第六版』に次のように書かれています。「精神に対する物質の根源性を主張する立場。従って物質から独立の霊魂・精

神・意識を認めず、意識は高度に組織された物質（脳髄）の所産と考え、認識は客観的実在の脳髄による反映であるとする。古くインド・中国にも見られ、西洋では古代ギリシア初期の哲学者たち以来、近世の機械的唯物論……やマルクス主義の弁証法的唯物論を経て、脳科学に基礎を置く現代の創発的唯物論に至るまでさまざまな形態をとって、哲学史上絶えず現れている」。唯心論についての『広辞苑　第六版』の説明は次の通りです。「世界を構成する究極的な存在は精神的なものであるとする立場。認識論上の観念論の意味にも用いるが、普通には形而上学の一立場。プラトン・ライプニッツ・ヘーゲルらはその代表者」。

　二元論がその他の哲学を毒することになった悪影響について、ホワイトヘッドの話は次のように展開されます。

The effect of this sharp division between Nature and life has poisoned all subsequent philosophy. Even when the co-ordinate existence of the two types of actualities is abandoned, there is no proper fusion of the two in most modern schools of thought. For some, Nature is mere appearance and mind is the sole reality. For others, physical Nature is the sole reality and mind is an epiphenomenon. Here the phrases "mere appearance" and "epiphenomenon" obviously carry the implication of slight importance for the understanding of the final nature of things.

The doctrine that I am maintaining is that neither physical Nature nor life can be understood unless we fuse them together as essential factors in the composition of "really real" things whose interconnections and individual characters constitute the universe. The first step in the argument must be to form some concept of what life can mean. Also, we require that the deficiencies in our concept of physical Nature should be supplied by its fusion with life. And we require that, on the other hand, the notion of life should involve the notion of physical Nature.

（私訳）自然と生命間のこの鮮明な分割の結果は、その後のあらゆる哲学に悪影響を及ぼしてきた。２つの型の実在の対等な存在が断念された時でさえ、近代的思想学派の大部分において、自然と精神という２つの型の好ましい融合は行われていない。ある学派にとって自然は単なる感覚認識にすぎず、精神が唯一の実在である。他の学派にとっては、物理的自然が唯一の実在であり、精神は付帯現象である。ここにある「単なる感覚認識」と「付帯現象」という言葉は、明らかに事物の決定的本質を理解するためには重要でないという含意を伝えるものである。

　私が主張している学説は、それらの相互関連と個々の性質が宇宙を構成している「真に実在的な」事物を構成する上の本質的要素として我々が両者を融合しない限り、物理的自然も生命も理解され得ないということである。論争の第一段階は生命の意味についての何等かの概念を形成することでなければならない。また我々の物理的自然の概念における欠陥は、生命との融合によって埋め合わせられるべきであるということを我々は要求する。他方、生命の概念は物理的自然の概念を包含すべきであるということを要求する。

　以上のようなホワイトヘッドの主張に私は強い感銘を受けたの

でした。私の理解は、物理的自然が「身体」であり、生命が「精神」ということであり、身体と精神・体と心の融合・統合を考えていました。前述した「色心不二」という捉え方です。当時私は「精神身体医学」というものに興味を抱いていました。1961年、九州大学に設立された精神身体医学研究施設の教授に就任した池見酉次郎氏が心と体の相関関係に注目した診療方法を体系化・実用化しようと尽力されていました。「体が傷つくと心にもその影響が及ぶ。また心に傷害が生じるとその影響が体にも出る」といった具合に、体と心が相互に連係し合っているという考えに私はひかれていましたので、なお一層ホワイトヘッドの主張に共鳴することになったのかも知れません。当時は「精神身体医学」と呼ばれていましたが、現在では心身医学と呼ばれ、「人間を統合的に診ていこうとする全人的医療を目指す医学の一分野」とされているようです。この分野でも様々な知恵と知識が学べそうですが、これ以上の深入りはしないことにします。

『哲学的思考のすすめ』（竹内均）の文庫版のためのまえがきの中で、著者の竹内氏は、「（『方法序説』の）第3部では、日常生活にかかわる格率として、デカルトは中庸、決断、知命の三つを挙げている。自分の才能・特徴をさぐりあて（知命）、これと決心したことをあくまでもやりとげ（決断）、それ以外のことについては世間の常識に従う（中庸）という格率である。私自身の経験によれば、これはまことに有効な格率である。」と述べています。この3つの格率もまた優れた知恵であるように私には思われます。竹内氏はデカルトの『方法序説』の出版事情についてもこの本の中で次のように書いています。「『方法序説』がオランダで最初に出版されたのは1637年のことである。……1632年に、地動説を唱

えたとしてイタリアのガリレオ・ガリレイ（1564−1642）が法王庁によって宗教裁判にかけられ、ローマに幽閉された。……自分の著書を出版しようとしていたデカルトが、この事件で大きいショックを受けたのは当然のことである。これ以後自分の著書を出版すべきか否かで、デカルトの心は揺れ動いた。」と。

『デカルト読本』（湯川佳一郎／小林道夫編）に記載された論文の内容によると、デカルトの「心身問題」について次のようなことが言えるのではないかと思います。デカルトは1643年５月から皇女エリザベトとの書簡のやりとりを始め、これはデカルトの死まで続きます。「二実体である精神と物体とに関するデカルト自身による規定と人間において認められる心身の相関の間の整合的説明はいかになされるのか」というエリザベトからの鋭い質問を受けてデカルトは心身問題について興味を持ち始めます。この質問は、心身の厳格な区別を説くデカルトに対する、本質的な、核心をついた質問でした。エリザベトとの往復書簡の中でデカルトは、「心身は存在論的に区別はされるが、我々には知り得ていない仕方で相関もしているのだ」と返答しただけではなく、「心の持ち方をできるかぎり自らコントロールすることを通じて心身ともに幸福な生を送るにはどうすればよいのか」といった問題の追究にまで言及しています。心身相関の事象が生成する仕組みそのものをデカルトは改めて考察することになり、心身合一の次元があることを認めることになります。このような考察が『情念論』として結実することになります。『情念論』においてデカルトは、人間を精神と身体とが分かち難く結びついている存在として捉えることになります。

　デカルトの二元論は、上記の出来事を踏まえると論理上かなり

矛盾したものに思えます。デカルトは明証性を重視し、歴史学や文献学のような人文科学には興味を持たず、数学や幾何学のような物理的自然科学に基づいて哲学を語っていると言われていますが、そのデカルトが、薄幸な皇女エリザベトの人生相談に応じ続けることによって二元論に揺れが生じたのか、それとも考えを変えたのかは判然としません。しかし、私はそのことでデカルトを批判する気にはなれません。寧ろ現実の苦悩の克服について思考をめぐらせたデカルトの哲学の進化・深化によって『情念論』が書かれたと思いたいです。

　私は、竹内均氏が東京大学を定年退職後、科学雑誌『Newton』を創刊し、初代編集長に就任された際のエピソードを知った時から、竹内氏を深く尊敬し始めたのでした。竹内氏も知の巨人の1人であったと思います。「行動する知の巨人の1人であった」と言った方がいいかも知れません。竹内氏は、『哲学的思考のすすめ』（竹内均）の文庫版のためのまえがきで、「わが国ではほとんどただ1人でアルフレッド・ウェゲナーの大陸移動説の正しさを主張し、また地震の予知は不可能であると説いた。それらに対して起こった猛然たる反対論と戦うことを私はしなかった。それが単なる時間つぶしであることをデカルトから教えられていたからである。以後20ないし30年の歳月が流れ、今では私の正しさが実証されている。当時の反対者たちも、昔のことには目をつぶって、かつて私がただ1人で主張したことを説いている。自然科学には実証という最後の裁定者がいる。」と書いています。

　ところで、知恵・知識といっても余りにも厖大で無数と言えるほど存在すると思いますので、私は限定的にしか論じることはできません。生活の知恵などは、要領とでも言えるものを始め、

様々なもの・ことが考えられます。その内容は、人によっても
いろいろ違うのではないでしょうか。万人に共通する知恵・知識
もあれば、「それは秘密です」と言われるような料理の隠し味の
ようなものもあるでしょう。一方お金の知恵や知識もまた大切な
ものだと思います。これらは失敗や成功の経験、偶然のハプニン
グや発見などなど、いろいろな契機によって得られる場合がある
かも知れませんし、読書を通じて得られる場合も大いにあると思
います。

　食べ物や薬の知識の中には、実際にその知識を活用すること に
よって知恵に変換できるようなものが、たくさんあるのではない
かと思います。一般的には知恵を伴う知識の方が学習しやすいの
ではないでしょうか。そのためには本を読むことによって、例え
ば『行ってはいけない外食』（南清貴）とか、『医学常識はウソだ
らけ　分子生物学が明かす「生命の法則」』（三石巌）等々、知恵
も知識も学べるような本がたくさん出版されていますので、私は
生きている限り、本屋大学在学中と称して、ブック・ハントを続
けていきたいと思っています。

　還暦後ロンドンに短期留学していた時（2008年）、BBCで放送
された番組の一つに不思議な感慨を抱きました。文字が読めない
高齢者等の男女10人余りが１人の若い教師の指導の下、アルファ
ベットを始め、英語の単語等の読み書きを学習する光景が放映さ
れました。そのクラスの参加者は、何等かの理由で学校教育を受
けられなかったり、書き言葉を習得する機会を逸したりした人た
ちのようで、英語の文字や文章が読めない、書けないためにスー
パーで買い物ができない等の不自由を訴える場面も放映されまし
た。授業が進み、数か月後に皆でスーパーに買い物に行き、手に

した商品の文字が読めた人の、何とも言えない喜びの笑顔が画面いっぱいに映し出されました。私は、英文はかなりすらすら読めますが、会話で発話される単語や文章を巧く聞き取れないという悩みを長年抱えていましたので、英語で会話は自由にできるのに文字が読めない、書けないという英国人の学習体験にいろいろなことを考えさせられました。

　文字が読める、書けるということも知恵の獲得の一つと言えるのではないでしょうか。また「知恵は価値を創造する」とも言えるかも知れません。文字の読み書きを学習しながら、語句の知識を積み重ねていく中で書かれた文章を読み解けるようになれば、言葉の学習という分野での知恵がついたと言えそうです。知識の蓄積が常に知恵につながるとは限りませんが、やはり「知識は知恵に入る門」と言えそうです。

　私は「読書により"知識を知恵に変える"道を学ぶ」という副題のもとでこの本を書いておりますので、生活の知恵以上に大きな問題や苦悩に直面した際それを乗り越えるための知恵や知識の方を重く考えております。「人生は、一寸先は闇」ということについては、前著でも書きましたが、確実に予測できない一寸先の未来を信じて、悠然として生きるためには、ギリシアの哲学者、ソクラテスのように「永遠の霊魂」のような存在を信じていることが大切だと思います。何事かをきっかけに心が折れてしまい、人生そのものまでもが折れてしまって、自殺を考えるようになった人は、どのようにしてそのディレンマから抜け出せるのでしょうか。一般的には、確固とした死生観など持たない人も多いのかも知れません。また、自殺についての考え方も、人によって様々かとも思います。しかし、この世に踏みとどまれるか否かはその

人の死生観によって決まると言っても過言ではないと思います。「永遠の生命」・「死ねば終わり」などについては、現在の科学、哲学、医学等では何ら確実なことは分かっておりません。死後の生命の連続性についての仮説はあっても定説と言えるものは今のところ存在しません。私は西洋哲学や仏教哲学に興味を抱き、長い間自分なりの実践と思索を続けてきましたので、「生命とは何か」という問いに対して、自分なりの答えと信念を持っていますので、これまで何とか「しなやかで折れない人生」を歩いて来られたのだと思っています。

　ロシアの文豪、トルストイは自殺について次のように述べているそうです。「前世で自殺した男の今生での体験の物語を書いたとしたら、さぞおもしろかろう。前世で直面した様々な問題に、彼は今生でも再び遭遇する。そして、それらを解決しない限り、そこから先へは進めないことに気づくまでの物語になろう……過去の人生で行ったことが、現在の人生に方向性を与えているのだ」（『魂の伴侶』ブライアン・L・ワイス）。因果律（因果の法則）下における「人の命」の連続性を踏まえたとも言えそうなトルストイの言葉ですが、「一度きりの人生で死ねば終わり」とか「死後の生命など存在しない」と考えている人たちからすると、トルストイの主張は絵空事のように聞こえるかも知れません。死後の世界があることも、無いことも同等に現時点では人類の如何なる研究でも未だ証明されておりませんので、「生命の連続性」についての考えは仮説にすぎないのですが、信仰や信念として、このような考えを抱く人がいても何等不思議なことではないと思います。

　私は先述したホワイトヘッドの「物質と精神の融合」とか、ソ

クラテスの霊魂不滅論やプラトンのイデア論、またアメリカ合衆国詩人、ウォルト・ホイットマンの「私は死なないと、私は知っている。これまでに、私が1万回も死んでいることは疑いがない。あなた方が死滅と恐れるものを、私は笑う」（『魂の伴侶』ブライアン・L・ワイス）などなど、永遠の生命に関連する多くの思想や表現に触れて来ました。特に法華経を中心とした仏教の教えによって、宇宙そのものが生命であり、人間の生命もその一部に過ぎないと考えるようになりました。生命は「生」と「死」の両面から成り立っており、生の面は人の目に見えるが、死の面は人の目に見えないものであると思えるようになりました。「生死不二」という仏教用語にその思想が凝縮されております。ソクラテスは霊魂の不滅を信じ、「何度でも生まれてきて、その都度、魂を磨き、高め続ける生き方」を説きました。死刑を宣告されたソクラテスは毒ニンジンの杯を悠然と飲みほして死んだと言われていますが、来世を心から信じていたが故にそのように振る舞えたのではないでしょうか。

　人間中心主義（anthropocentrism）という思想があります。これは旧約聖書の創世記にある「産めよ、増えよ、地に満ちて地を従わせよ。……」との言葉に由来するようです。「人間は神により自然を支配することを許されている」と信じたユダヤ教・キリスト教の信奉者たちが文明を築く上で自然破壊を容認できた背景思想は旧約聖書の一節から生まれたと言われております。最初に誰が言ったかはともあれ、「人間の命は地球より重い」という言葉がありますが、この美辞麗句も人間中心主義的産物だと私は思います。「人間の命は地球より重いはずはない」というのが真実ではないでしょうか。我々人類の立場からすると確かに「人間の

命は貴いものであり、いたずらに損壊・殺傷されるべきものではない」と言えるでしょうが、むしろ「人の命は余りにも儚く脆いが故に、最大限に大切にしなければならない」と言った方が腑に落ちるのではないでしょうか。戦争や内戦が今もなお世界の至る所で続いておりますが、そのような現場においては、人の命は虫けら同様に見なされていると言っても過言ではありません。そのような場所を訪問したり取材したりして、壊滅的で悲劇的な状況を目にすれば、「人の命は地球より重い」などという言葉と「人の命がいとも簡単に奪われている現実」との間の矛盾に直面してこのような美辞麗句に対して何等かの疑念を抱くことになるのではないでしょうか。

『シッダルタ』（ヘルマン・ヘッセ）の中に、次のような件があります。

「『知識』を人に伝えることはできる、しかし『知慧』を伝えることはできないのだ。知慧を見出すことはできる、それを生活し味わうことはできる、それを自分の力とすることはできる、それによって奇蹟を行うことはできる、しかしそれを口に言い、人に教えることはできない。これは、わたしが青年の頃から幾度か予感していたことで、これがわたしを師に就かしめなかったのだ。……」

ノーベル文学賞受賞者の、この作品の位置が、「ヘッセの『ツァラトゥストラ』であり『ファウスト』であることについて多言の必要はないと思う」と「訳者あとがき」の中で書かれていましたが、私はこの『シッダルタ』という本を大学2年生の時に読み、心から感動したことを覚えております。そして70代の今再読し、

当時より一層深く読め、若いころとは違った感動を味わえたように思います。「『シッダルタ』（ヘルマン・ヘッセ）は、東洋の心の結晶であり、ヘッセの深いインド研究と詩的直観とが融合して生み出されたものであり、ヘッセの主観に燃焼されたこの東洋的思想の美しさには打たれざるを得ない」とも「訳者あとがき」に書かれていました。「内面への道」を辿るための一冊として一読をお勧めしたいと思います。

　何事であれ、深い知識や見識を持つことは、恒常性を維持して生きていく上での、重要な要素の一つであろうかと思います。「知識を知恵に変える道」もまた、人によって様々ではないかと思いますので、私は私なりに、この道を学び続けていく中で、人として少しでも成長できるように、僅かなりともいろいろな知恵や知識を身につけていけるように、芋虫の速度でもよいから、命ある限り前へ進んで行きたいと思っております。

第 **2** 章

しなやかで折れない
人生とは？

「愚者は経験に学び、賢者は歴史に学ぶ」という格言らしい言葉を目にしたことがありますが、これはドイツ帝国（1871年発足）の初代宰相オットー・フォン・ビスマルクの以下の文章に由来するようです。

Nur ein Idiot glaubt, aus den eigenen Erfahrungen zu lernen. Ich ziehe es vor, aus den Erfahrungen anderer zu lernen, um von vornherein eigene Fehler zu vermeiden.

（私訳）愚者は、ただ自身の経験から学ぼうと思うだけである。私は最初から自身の過ちを避けるために他人の経験から学ぶことの方を選ぶ。

自身の、或いは他人の経験から学ぶことは、何事であれ大切なことだと思います。「他山の石」という言葉がありますが、私も「自分の人格を磨くのに役立つ他人のよくない言行や出来事」（広辞苑　第六版）を参考にしたことが多々あります。自分自身の経験よりも他人の経験のほうが遙かに多彩であり、多種多様であることは歴然とした事実ですから。

人の心はどんな時に折れそうになるのでしょうか。職場のパワハラやセクハラ、マタハラなどという言葉を最近よく聞きます。ある新聞記事によると「パワハラは被害者の心身に大きな影響を及ぼす。休職、退職や、自殺に至ることもある」とのことです。職場のパワハラ防止に関しては、2020年６月から大企業で義務化される予定です。パワハラについて厚労省は次のように定義しています。「同じ職場で働く者に対して、職務上の地位や人間関係などの職場内の優位性を背景に、業務の適正な範囲を超えて、精

神的・身体的苦痛を与える又は職場環境を悪化させる行為」。学校でのイジメが原因で自殺したという生徒の悲しいニュースは最早珍しくありませんが、社会人となって様々な職場で働く中でのパワハラが原因で精神に異常をきたしたり、果ては自殺に追い込まれたりするほどの苦痛を受けた人の声が顕在化し、社会問題となり始めたのは2000年代に入ってからのことでしょうか。それ以前も同様の問題が至る所に存在したと思われますが、個人の人権よりも会社や組織の権益の方が優先される社会であったためか、確かな理由は分かりませんが、声をあげて訴えることができにくい社会構造であったのかも知れません。

「人間は考える葦である」と言ったのは、フランスのブレーズ・パスカルでした。Blaise Pascal（1623 - 1662）の著書『パンセ（Pensées）』は、39歳で早世したこの天才の遺稿集ですが、その中に次のような記述が見られます。

　人間はひとくきの葦にすぎない。自然のなかで最も弱いものである。だが、それは考える葦である。彼を押しつぶすために、宇宙全体が武装するには及ばない。蒸気や一滴の水でも彼を殺すのに十分である。……われわれの尊厳のすべては、考えることのなかにある。われわれはそこから立ち上がらなければならないのであって、われわれが満たすことのできない空間や時間からではない。だからよく考えることを努めよう。ここに道徳の原理がある。……私が私の尊厳を求めなければならないのは、空間からではなく、私の考えの規整からである。私は多くの土地を所有したところで、優ることにはならないだろう。空間によっては宇宙は私をつつみ、一つの点のようにのみこむ。考えることによって、私が

宇宙をつつむ。

（『パンセ』前田陽一・由木康訳、中公文庫）

　フランス語のパンセ（pensée）は、英語のthinkingやthought
に当たり、考え・思想・思考などの意味があります。動詞は
penser で英語の to think の意味になります。

　パスカルは人間の弱さ・脆さに気づき、人間を植物の葦に譬え
ています。葦はイネ科の多年草で、世界でもっとも分布の広い植
物の一つだそうです。人間は葦のような、取るに足らない矮小な
生き物に過ぎないが、考えることができると言い、思考の力を具
えた人間である自身について、「考えることによって私が宇宙を
つつむ」と述べています。またキリスト教神学者でもあったパス
カルは、理性の限界にも気づいていたようで、信仰に理性を持ち
込まなかったようです。

　ここで私は、「考える力」について意見を述べてみたいと思い
ます。母語の習得が中途半端であれば、考える力もまた中途半端
で、身につく思考力が脆弱なものになってしまう虞があると言わ
れています。人間が生きて行く上で「自分で考える力」がどれほ
ど重要であるか、様々な困難に直面したり、難破しかねないよう
な事件に巻き込まれたり、人生の航海には荒波や大風がつきもの
ですから、いざ鎌倉という時こそ「考える力」の出番となります。
優れた思考力を身につける方法の一つが読書です。若いころの雑
読や自分の好きな本を読むことなどから始まって、やがて「知的
格闘技」と呼べるような読書に挑戦することです。母語力が弱け
れば、難解な本を読んでも内容の1割も理解できないでしょう。
一般的に、人間には全てを理解できる能力は具わっていませんが、

できる限りの範囲で様々な分野の本をできるだけ多く批評的に読むことです。私は30代の時、ある国際政治学者から「クリティカル・リーディング（批評的読書）」という言葉を教わりました。「考える力」を磨くためにも、先述したブック・ハントの実践をお勧めします。

『国家の品格』（藤原正彦）の中で、著者は次のように述べています。「そもそも小学校で英語を２、３時間勉強しても何の足しにもなりません。きちんとした教師の下、週に10時間も勉強すれば少しは上達しますが、そんなことをしたら英語より遙かに重要な国語や算数がおろそかになります。そのような教育を中高でも続ければ、英語の実力がアメリカ人の５割、日本語の実力が日本人の５割という人間になります。このような人間は、アメリカでも日本でも使い物になりません。少なくとも１つの言語で10割の力がないと、人間としてのまともな思考ができません」と。

　私は前著でもこのことについて書きましたが、母語力を高める努力を怠ってはならないことを痛感しています。私は本年（2019年）、日本語教師として学校で教え始めて10年目を迎えました。主に欧米からの留学生が来校する日本語学校ですが、当校で日本語を学ぶ留学生の中には、顕著な上達ぶりに驚かされるような学生もいます。しかし、日本語能力試験の最高級Ｎ１に合格してもその語学力は当然のことながら限定的なものではないかと思われます。我々日本人が英語の各種試験の最高レベルに合格しても、人生の一大事に際して、その解決策について英語でも考えることができるような語学力が身についている人は極めて稀な存在ではないでしょうか。

　ともあれ何歳になってもさらに一層母語の習得に励むことだと

私は考えております。知的格闘技のような読書が苦痛であった、否修行のようなものであった時期を通り越して、そのような読書がやがて楽しめるようになれば、しめたものです。知的好奇心のままに、好き嫌いを越えて、様々な分野の読書に勤しむようになれば、読書を通して「しなやかで折れない人生」の知恵や知識をいろいろと獲得することができるのではないでしょうか。

　自殺とか安楽死とかといった出来事は、確かに悲劇ですが、人間界では避けて通れないような気がします。日本国の年間自殺者数について調べてみると、1997年は2万人台前半でしたが、翌1998年に一気に3万人を突破したとのことです。その後10年以上に渡って、「毎年3万人が自殺する国」と言われ続けてきました。2006年には自殺対策基本法が制定され、2012年には我が国の自殺者数は3万人以下に減少したとのことです。2016年の自殺者数が2万1897人で、22年ぶりに2万2000人を下回ったそうです。

　自殺について、厚生労働省と警察庁の分析によると、2016年中の日本における自殺の動機は、3人に2人が心身の健康問題で、5人に1人が生活苦と家庭問題であることが判明したとのことです。警察の捜査で自殺と断定された事件が、事故や殺人事件であった例も実際にあり、推理小説やテレビドラマの題材になることも珍しくありません。キリスト教で自殺が罪と見做されたのは、4世紀の聖アウグスティヌスの時代とされているようですが、キリスト教の聖書には、自殺を禁止している文言はないそうです。私は若者の自殺のニュースに触れる度に、悲しい気持ちになります。自分の命の使い方、即ち「使命」について真剣に考えたことがあったのだろうかと、残念で仕方がありません。全ての生き物にとって生きるということは、それ自体が「挑戦と応戦」の連続

です。なかんずく人の世の生存競争は、熾烈であり、時に激烈な試練ともなりかねません。

特に若者には、日頃の研鑽・学習の中から、心が折れそうになった時の支えとなる言葉や格言のようなものをしっかりと銘記して、「しなやかで折れない人生」を歩けるようにして欲しいと呼びかけたいです。私は青年及び壮年時代を通して、他人の苦悩を同苦する、相手の苦悩を自分も同様に味わう訓練に挑戦してきました。初めの頃は、落ち込んでいる人を激励したり、説教したりするだけで、相手の気持ちを知ろうとする姿勢に欠けており、苦しみ悩んでいる人の心の中に入り込むことがなかなかできませんでした。そのような何かの修行とも言える、相手の苦悩を同苦しようと努める中で、相手が自分の命の中に入り込んできて、自分が相手になってしまったような感覚に襲われたことも何度かありました。相手の業障を引き受けるというようなことは、簡単にできるものではありません。同苦は同情とは異質のものです。同情とは「他人の感情、特に苦悩・不幸などをその身になって共に感じること」（『広辞苑　第六版』）ですが、同苦は広辞苑には掲載がありません。おそらくどの辞書にものっていない言葉かも知れません。涅槃経に「一切衆生の異の苦を受くるは悉く是如来一人の苦なり」とありますが、そのような如来（仏）の境涯の万分の1でも実践してみようとして取り組んだ修行の言葉として「同苦」するという言葉を学んだことがあり、そのような思いでほんの僅かの数ではありましたが、他人の苦悩を引き受けようとしたことがありました。その中で「人を苦悩から救い出すことなど容易にできることではない」ことを学び、やがて同苦することよりむしろ、その人の苦悩に寄り添うことを心掛けるようになりまし

た。サラ金地獄に陥り、二進も三進もいかなくなった中年の女性に1年余り寄り添ったり、アル中で、家族問題を始め、様々な煩悩に翻弄されながら料理の道を究めようとしていた料亭の経営者に20年以上も寄り添ったり、その他いろいろな事例を経験しましたが、寄り添う中で事態が好転した場合もあれば、さらに別の悩みを抱え込んでしまった場合もありました。これらは全て私の心の宝として、私の命のどこかに所蔵されております。

「自殺」と「他殺」との間に微妙な位置を占めるのが「安楽死」と言えるでしょうか。安楽死は、積極的安楽死と消極的安楽死に分けられ、積極的安楽死とは、致死性の薬物の服用または投与により死に至らせる行為、または要求に応じて、患者本人の自発的意思に基づいて他人（一般的に医師）が患者の延命治療を止めることであります。また、消極的安楽死とは、予防・救命・回復・維持のための治療を開始しない、または、開始しても後に中止することによって人や動物を死に至らせる行為であるとされ、医療上の消極的安楽死の場合は、病気・障害を予防する方法、発症した病気・障害から救命・回復する方法、心身の機能を維持する方法が確立されていて、その治療をすることが可能であっても、患者本人の明確な意思に基づく要求に応じ、治療をしない、または治療を開始した後に中止することにより、結果として死に至らせることです。

　私は20代の頃、『高瀬舟』（森鷗外）という本を読みましたが、その時は単に小説として読んでみたにすぎず、心に残るほどの感激や衝撃は受けませんでした。その後60代になってもう一度この本を読んでみました。青年期に読んだ時の感想とは全く違った思いがこみあげてきて、この『高瀬舟』という本の内容に感動しま

した。それ以来「安楽死」という出来事に深い関心を寄せてきました。現在の日本では、自分で積極的安楽死を行えば、それは自殺行為であり、犯罪にはなりません。もし他人が、もだえ苦しんでいる誰かを哀れに思い、「殺してくれ」と苦しみ叫ぶ気持ちを忖度して、積極的安楽死を行えば、刑法上の殺人罪が適用されることになります。世界の中には、医師等による積極的安楽死を法律で認めている国も幾つかありますが。いずれにせよ、現在（21世紀の初期）の日本では、入院患者の場合、消極的安楽死が選択される事例よりも治療による回復や延命が選択される事例の方が多数派のようです。「生命とは何か」という命題に答えが出ない限り、このような問題の闇は深く、自殺や安楽死についても様々なことが考えられ、小説等の題材にもなり易く、人間が避けては通れない大きな問題でありますが、明解な答えは得られそうにないと私は考えています。科学技術や医学等がさらに発達する途上で「生と死」についての答えが出ることを期待したいですが、これはアポリア（解決できない難問）であり、遺伝子レベルの問題でも無いのではないかと、私は思っております。しかしながら「生と死」についての哲学的思考・思惟は自由であり、自分なりの考えを構築することは有意義なことだと思っています。死は必ず訪れるわけですから、「しなやかで折れない心」を涵養し、簡単には折れない人生を歩けるように自分なりの死生観を確立しておくことが肝要かと思われます。繰り返しになりますが、そのための方法の一つが「知的格闘技」のような読書に勤しむことだと私は考えております。

『日本人の矜持　九人との対話』（藤原正彦）という本の中に書かれている、幾つかの対話内容について、私も同じような考えを

持っておりますので、ここで引用させてもらいます。

　最初に引用する対話の相手は、齋藤孝氏です。

「**藤原**　小説を読んだり幾何を解く、などという一見役に立ちそうもないものが実は人間としての力となるのですね。実学優先という謳い文句が言われ、学校は英語やパソコンのような役に立つものを教えればいい、あるいは大学は産学協同でお金儲けにつながる研究をすべきだ、といった風潮がありますが、教育の役割はけっしてそうしたものではないと思います。たとえば同じ円弧に対する円周角は一定であるという法則を実社会で使うことはまずありません。しかし、そうしたものを通じて論理的思考力を培ったり、ものを考える楽しさ、解けたときの喜びを知ったりしないと、それこそ生きる力はつかないはずです。……」
「**齋藤**　いま、倫理観の欠如が言われますが、倫理観を倫理観そのものとして教えるのは難しいと思います。そうではなく、哲学的なもの、あるいは文学、歴史、伝記といったさまざまな本を読むことで、人類が成し遂げてきたことを学び、感性も磨かれ、倫理観が形成されていくのではないでしょうか。」

　次は、山田太一氏との対話です。

「**藤原**　読書さえしていれば、いろんな感受性は自然に発達してきますから。そうすると、よい芸術と悪い芸術、よい映画と悪い映画、よい漫画と悪い漫画、いろんなものを見分けるセンスが身につきます。大局観や人間観も培われる。もちろん実体験も重要ですが、本当に意味のある実体験というのは人間の一生でどれほどあるのか。本当に深い意志の疎通ができる相手は、一生の間に居ても数人でしょう。その点読書なら、時間も空間も年齢も性別

も超えて、いろいろな人と意志の疎通がはかれるわけですから。」

「山田　実体験について言うと、マイナス体験が人格をつくることも多いですね。マイナス体験を技術で克服してしまうのはもったいない。例えば、不慮の出来事で近親者が死ぬとか同級生が死ぬとかいった時に、カウンセラーが入って、なるべく早く切り抜けさせたりするのは、とても間違っていると思う。深く悲しむ、あるいは悲しめない、簡単に忘れてしまうことでも、人間は傷つきます。あんなに仲がいい友達が死んだのに、自分はこんなに回復してしまうのか、と。こういう傷つき方だって人格をつくりますからね。マイナス体験は、実は物すごく豊かなものを持っていると思うんです。」

そして次がこの本からの最後の引用になりますが、佐藤愛子氏との対話の一部です。

「佐藤　……私は毎年夏のあいだ、北海道の山の上の一軒家ですごしていますが、いま北海道では定年退職した人を招き、余っている土地で農耕などを楽しんでもらおうという計画を立てています。しかし、都会に住んで、暖房にしろ冷房にしろ、スイッチ一つで思うがままの気温で暮らす生活を味わった人間が、北海道の厳しい冬に耐えられるのか、私には疑問です。イギリスの場合、物質文明が爛熟するまでに頂点を極めたから、人びとに田園生活をする力が残っていたようにも思います。」

「藤原　……しかし、いくら文明が進歩しても、文化は後退することがあるんです。子供たちの生気がなくなったのもそうですし、私の学生たちもあからさまに情緒力が落ちています。もののあわれや美しいものに感動する力、他人の不幸を感じ取る力などが十

年前に比べてガタ落ちです。そして十年前の学生は、二十年前の学生に比べてガタ落ち。さらにいえば、小中学生の学力もガタ落ち。おそらく明治以降、いまの日本人は最低レベルにまで落ち込んでいる。文明は確実に進んで生活は進歩しているけれど、文化や人間性は後退期に入っているといってよい。」

　この本の中でも、たくさんの知恵や知識が学べました。本を読む習慣を身につけることが、人が生きていく上でどれほど重要なことか、今更言うまでもありませんが、この読書に親しむという習慣は子供時代、青少年時代に培われるもので、その延長線上に大人の読書は位置するのではないかと思います。青少年時代に読書の習慣が身についていない人が大人になって急に読書に目覚めるというような事例は全くないとは言えませんが、稀ではないでしょうか。学生時代はよく本を読んでいたが、社会人になってから仕事に追われて読書の時間が作れなくなったという話もよく耳にしますが、本当に読書の喜びや価値が分かっていれば、決してそのようなことは起こらないと思います。様々な反論があるでしょうが、私は読書について過去に次のような投稿記事を、新聞の「読者の声欄」に掲載されたことがありました。
「すっかり秋の気色も深まり、いよいよ灯火親しむべき候を迎えた。暑い夏の夜は本を読むこともいささか苦痛であったのが、秋の夜の涼しさは不思議と読書意欲を掻き立てる。吉田松陰は一年二ヵ月の獄中生活で六百冊の読書をしたと、松陰自身が書いた「野山獄読書記」に記している。それもただ通読したというのではなく、丁寧に抜き書きをし、所感も記入しての読書であったという。幼いころから本に接し、読書の習慣を身に刻みつけた人に

して初めてできることであろうが、松陰を松陰たらしめたものの一つが読書であったことは否めない。世に『一書の人を畏れよ』とも言うが、人生の指針となるべき一書をもった人はまた例外なく読書家だ。テレビを中心とした視聴覚文化の盛んな時代に生きているわれわれは、ともすると文字の文化を敬遠しがちであるが、読書の効用をいまさら強調する必要もあるまい。読書は心の大地を耕すクワの役目を果たすといってもよい。十分に耕された心の畑には、豊かな発想も芽生えよう。」（西日本新聞　1983年9月23日付）

　願わくは、小中高の学校教育において、真剣に読書の習慣を身につけさせるための教科内容や読書指導を充実させてもらいたいものです。受験中心とも批判できそうな学校教育を、生徒自身が、物事について自分で考える力を段階的に涵養できるような教育内容に変えるためにも、オンラインゲームのようなものに夢中になっている子供たちを、本の世界に誘い込む働きかけを強化して欲しいと思います。大人になってからも、さらに知的好奇心を奮い立たせて、弛むことなく読書に勤しみ続けることこそが、「しなやかで折れない人生」を歩むための、知力・胆力等を身につけるための、一つの方法ではないかと信じて、私自身も自ら実践しております。

　この章に相応しいと思われる私の投稿記事三つを、この章の最後に記載しておきたいと思います。

つらいことも楽しむ意識で

　政治学者姜尚中氏が、小冊子「希望と絆」の一節「一年間に三万人が自殺する国で」の中で、日本人の自殺についてこう述べて

いる。「この十年で自殺によって三十万人が亡くなったことで、その十倍の三百万人以上が、大事な人を失って、嘆き悲しんでいると考えられます」と。自殺が絶望の果ての自殺であれば、それは希望の対極に位置する。生きる希望が見つかった、希望が湧いてきたなどというが、果たして希望は見つかるものなのか、湧いてくるものなのか。希望は自らつくりだし、心の中に抱くものと考えている。希望を創出するとは、エレナ・ポーター著『少女パレアナ』で描かれるように「嫌なこと、苦しくつらいことを楽しむ力を磨くこと」ではないだろうか。新年に当たり、希望に燃えて前進したい。　　　　　　　　（西日本新聞　2013年1月4日付）

編集者への手紙
「母原病」だなんて不公平
　　母親のイライラの原因は父親に

　本紙の「ハーフ・タイム」欄に先日、松田道雄氏が母原病について書かれていた。記事を読みながら、私も父親の立場から「母原病」についての認識を新たにした。文中に「子どもの病気は母親が悪いのだということになると……夜遅くまで酒場でとぐろをまいている父親は気が楽だろう」とあったが、この指摘は鋭い。「子供の病気の六十％は母原病」と述べている本が出版され、母親の育児・教育のあり方が問われているが、果たして「母原病」という表現が当をえているといえるだろうか。また「母親が原因でふえる子供の異常」というショッキングな表現を安易に受け入れてよいものであろうか。私はこのことに関して「親子のかかわり方」の一考察を展開してみたい。

　育児を含めた、子供の家庭教育にあって、母親がその最大の教育環境であることは論をまたないであろう。故に母親の子に対するかかわり方が問われなくてはならない。そこで初めに母親を取り囲む環境について述べ、次に、特に零歳から三歳までの乳幼児の特性について書き、最後に豊かなかかわり方について思うところを記してみる。

　母親がいらいらしたり、困ったり、悩んでいたりする場合、そこには必ずそれなりの原因がある。嫁・姑の軋轢もさることながら、核家族化がすすんでいる現在のわが国においては、母親のいらいらなどの原因は、その大半が夫である父親にあるといっても過言ではないだろう。

　従って、家庭教育において父親が果たすべき大きな役割のひとつは、育児・教育に携わる母親の周囲の環境を、いかに快適に保つかにある。母親を家庭における最良の教育環境となさしめるためにも、父親は心して母親を大事にしなくてはならない。

　零歳から三歳余りまでの子供は、肉体的にも精神的にも、ほとんど未発達であるため、外部から受ける衝撃は肉体・精神を突き抜けて直接生命の深層部に及ぶようである。この時期に受けた打撃が、成長するにつれて肉体や精神の異常となって顕在化して来ることも事実であろう。激しい夫婦げんかの修羅場を経験させたり、父母が冷たいいがみあいを続けたりすると、子供の受けるショックは想像以上に大きいのである。

　子供に対する両親のかかわり方は、豊かであればあるほど優れて教育的である。「子供も一人の人格」として接する態度を基調に、常に豊かなかかわりを心がけていきたいものである。よくスキンシップが大切だというが、触れあえばよいと思うのは余りにも安

易である。掃除をする時に汚れた雑巾でふけば、ますます汚れがひどくなるように、スキンシップするこちら側のパーソナリティが問われるのである。従って、両親自らが豊かな人間性をはぐくむため絶えず成長を図り、自身を磨いていかなければならない。

　以上みてきたように、子供の異常の原因を母親にのみ負担させるような見方は偏頗である。故に「母原病」という表現は適切でないように私には思える。　　　　（毎日新聞　1980年12月12日付）

　次の投稿記事は、公立高校の英語教師を退職して、新しい仕事に転職したばかりのころに、私自身の体験を「私の友人に云々」と表現し、当時の就活生を激励したいと思い書いたものです。

　これから就職試験を受けようとしている皆さんに一言したい。長期に渡る不況の影響で、今年の就職戦線は非常に厳しいものになると思われる。在学中、ある四年生が就職試験に失敗し、事務室で激しく泣いている姿を見かけたが、当時大学一年生であった私にとって、あまりにも印象的な出来事で、十年過ぎた今でもその時の光景が目の前にありありと浮かんでくる。

　どこに就職するかで、その人の人生は決まってしまう、と考えるならば、なんとも深刻な就職試験ではあるが、人の一生は「案ずるより産むがやすし」で、しぶとく生き抜いていく中で、どんな幸運にめぐりあうかもしれないのである。私の友人に学卒後七つ目の仕事にいどんでいる男がいる。まだ三十数歳の若さである。以前の六つの仕事も全部やり切って、ひたすら自己の成長を目指して、さわやかに前進している彼の姿は、周囲の人々に生きる勇気と希望を与えているようだ。たとえ、試験で失敗したとしても、

生きる道は他にいくらでもある。いや、自分から求めて困難に挑
戦していくぐらいのたくましさがあってもいいのではないか。と
もあれ皆さんの健闘を祈りたい。

（西日本新聞　1977年10月4日付）

第 3 章

知的生活を楽しむ

私にとっての知的生活の一つは、知的人物が書いた本との出遭いを求める旅のようなものです。ブック・ハントと名付けて、30代の半ば頃から始めたこの旅の醍醐味は、「人生観を変える」程の感動や、触発を与えてくれるような本と出遭い、それらの本を熟読玩味することによって得られる知恵や知識によって自身の人生に一層の厚みを加えることができることです。これからもそうでありたいと願ってブック・ハントを続けています。

　私の小学校時代は、終戦直後の状態がまだ続いていた頃でしたので、家には本は殆ど見当たりませんでした。母が「主婦の友」のような雑誌を時々買っていたくらいでした。小学校高学年の時、父の仕事の関係で熊本県の天草島から北九州に移住しましたが、中学生の頃も本屋に行った記憶はありません。高校に進学した時に、その高校の図書館で見つけた何冊かの本を読んで感動し、そのころから読書に興味を持ち始めたようです。その中の1冊が、『英詩の理解』（吉竹迪夫）でした。その本の「まえがき」に次のように書かれていました。

「かねてから、わたしは、高等学校のリーダーに収録されているわずか2〜3篇の英詩が、異常なまでに多くの場合、それが《詩》であるからという唯一の理由で――もっと功利的には、おそらく、いわゆる受験英語という（はなはだ奇妙な）ジャンルから除外すべきだとする強力な理由で、実に惜し気もなくカットされて、その教授と学習とがほとんど行われていない現状に対して、切実にあきたらなく思っている。……」

　この本の構成は、英詩とその解釈、そして訳詩からなっていました。Laurence Binyon のHOME-COMINGから始まってSara

TeasdaleのTHE NET までの50篇余りの英詩でしたが、私が特に気に入った詩は、W. H. DaviesのTHE KINGFISHER、Robert FrostのTHE ROAD NOT TAKEN、William Wordsworthの THE RAINBOW、William AllinghamのA MEMORYなどでした。幾つかの詩を暗誦しようと頑張って、今でも記憶している William Wordsworth のTHE RAINBOW（虹）という詩と、暗唱はできておりませんが、私が感動した詩の一つ、Robert FrostのTHE ROAD NOT TAKENを、ここに書き写しておきたいと思います。

THE RAINBOW

By　William Wordsworth

My heart leaps up when I behold
A rainbow in the sky:
So was it when my life began;
So is it now when I am a man;
So be it when I shall grow old,
Or let me die!
The Child is the father of the Man;
And I could wish my days to be
Bound each to each by natural piety.

（吉竹迪夫氏の訳詩）
虹

——ワーズワス

大空に　虹を　眺めると
　　わたしの胸は　高鳴るのだ
このいのちの　はじめの頃も　そうだった
おとなである　今だって　そうなのだ
老いらくの日にも　そうでありたい
　　さもなくば　わが息絶えよ
　幼な子は　おとなの　親である
　だから　どうか　これからの毎日が
　自然に打たれる心根で　結び結ばれてあれ

　著者の吉竹氏は、この詩の解釈の中で次のように述べていました。

　「わが国の近代文学は、周知のように、純一な日本風土のなかでのみ生まれたのではなかった。ドイツやフランスやイギリスやロシアやアメリカなどの西欧的な風土から伝えられた思想や感覚によって啓発され開眼されて進展した。明治中期の父祖たちが、オルヅオルスまたはヲーズヲルスと呼んでいたWilliam Wordsworth という、イギリスの傑出した自然詩人は、国木田独歩に自然観照の新しい感覚を、島崎藤村に詩歌制作への新しい感動を与えたのである。……」

THE ROAD NOT TAKEN

By　Robert Frost

Two roads diverged in a yellow wood,

And sorry I could not travel both

And be one traveler, long I stood

And looked down one as far as I could

To where it bent in the undergrowth；

Then took the other, as just as fair,

And having perhaps the better claim,

Because it was grassy and wanted wear;

Though as for that the passing there

Had worn them really about the same,

And both that morning equally lay

In leaves no step had trodden black,

Oh, I kept the first for another day!

Yet knowing how way leads on to way,

I doubted if I should ever come back.

I shall be telling this with a sigh

Somewhere ages and ages hence:

Two roads diverged in a wood, and I ——

I took the one less traveled by,

And that has made all the differences.

（吉竹氏の訳詩）

行かなかった道

——フロスト

きいろい森のなか　道が二つ　わかれていた
いかんせん　一人で　両方を　いっぺんに
行ける身ではなかったので　わたしは　長らく佇み、
そうして　下生えに　うねって消えるあたりまで
はるばると　一つの道を　見わたしていた。

それから　わたしは　あの道のように美しく
いっそ取るべきこの道を　行ったというのも
草が深くて　踏みごたえがするからなのであった。
もっとも　そういうことなら　そこにも通った跡があり
二つの道は　じっさい　おなじくらいに　踏み均され、

道は二つとも　その朝　いちように　人の足の
踏んでよごさぬ葉に　うずもれていたのだ、
ああ　あの道を　またの日にと　取っておいた！
道は道にと　通じているのが　わかっていながら
はたして　戻れるかどうか　わたしは　あやふやだった。

いまから　幾年も幾年もたったのちに　どこかで
わたしは　ため息ついて　こう言っているだろう、
道が二つ　森のなかでわかれ　わたしは──
わたしは　通う人のすくない道を　えらんだ
それが　こうしたちがいになったのだ、と。

　吉竹氏は、この詩の作者、ロバート・フロストについて次のように書いています。

「ピュリッツァー賞を四回受賞。米国の代表詩人として1961年1月のケネディ大統領の就任式に招かれて自作の詩を朗読した。……Frostは農民詩人として、また、現代のNew Englandを最も誠実に理解して描出するrealisticな自然詩人として、自然のなかでおろそかにできない深遠なものを捉えて人生を象徴していこうとする。Frostの自然ないし世界は、大地に強く根を張って逞しい生命と透徹した知恵とを抱いている。……」

　ワーズワースの詩「虹」を初めて読んだ時、私は本当に感動しました。いつまでも感受性が衰えないことを祈るような気持ちで、この詩人は、畏敬すべき美しいものを見ても胸が高鳴らなくなったら死んだ方がましだといっていますが、私もその通りだと思いました。「幼な子は大人の親である」と詠んでいますが、この詩文の意味がよく分かりませんでした。「三つ子の魂白まで」という意味と述べている、ある訳者の解釈を読んだことがありますが、あまり納得できませんでした。読む人の想像力を掻き立てるような表現ですが、ワーズワースがこの言葉に込めた意味は今もなお私には推測の域を出ていません。『ワーズワース詩集』（田部重治選訳）の解説の中に、「『子供は大人の父なり』は、子供の時代の心が基調となって大人の思想感情が生み出されるの意である。」とありました。なるほどそのような解釈もできるのかと思いましたが、私にはこの説明もあまり納得できません。この詩集に収録された「幼年時代を追想して不死を知る頌」と題するワーズワースの詩の中に、「幼児は大人の父なり。……われらの誕生はただ眠りと前生の忘却とに過ぎず。われらと昇りし魂、生命の星は、

かつて何処にか沈みて、遙かより来れり、……」と詠まれた詩文を読みながら、ワーズワースも「生命の不死」を信じていたように感じました。その思想はキリスト教と思われますが、輪廻転生的な考えを彷彿させるような詩文に触れ、今世だけではなく前世をも含めて「幼子は大人の父」と詠んでいるように私は感じました。飛躍しすぎる解釈かも知れませんが。

　またフロストの詩は、「人生の岐路」を示唆する内容になっており、進路や仕事等の選択の際、二者択一などを迫られたらどうするか、そのどちらかを選んだ結果が現在につながったとすれば、別の方を選んでいたらどうなっただろうかなどと想像してみたくなるようなことが人生には誰しもあるのではないかと思います。この詩もいろいろなことを考えさせてくれました。私は、この本に掲載された詩についての、著者の解釈・解説を読みながら、著者の情熱が、熱い思いが伝わってくるのを感じました。高校時代という、色んな意味で未熟ではありましたが、鋭い感性を持っていた頃に、このような本に出遭えたことに深く感謝しています。高校３年の卒業も近い時期には、授業を抜け出して図書館に入り浸って本を読んでいたことも今では思い出の一つです。

　『テレビは見てはいけない』（苫米地英人）という本を読んだ時、私は、確かにその通りだと思いましたが、ケーブルテレビ会社と契約し、CNNやCNBCなどのニュース番組を中心にテレビを見ていて、これらの番組は政治や経済の様々な情報を入手でき、英語の学習にも欠かせないと思っていましたので、なかなか決断できませんでした。しかし、70代に入った後のある日、私はテレビの無い生活を始めることに決めました。その決断を後押しした要因の一つは、60代の終わりごろ、アメリカのコロラド州を旅行中に、

文明の毒を拒否するように原始的生活を営んでいる人々がいる地域を訪問した時に受けた衝撃的な印象でした。現代は科学技術や医学等の発達のお蔭で、いろいろな所で文明の恩恵が享受できますが、それらの利便性や様々な機器等が人間を疎外しているという考えにも一理あります。視聴覚文化の代表的なテレビ番組に現代人の多くがかなりの時間を割いているのではないかと思いますが、人によっては、その影響でいつの間にか受動的な人間になってしまう傾向がみられるとも言われています。

　テレビのない生活を続けている中で思うことは、活字に触れる機会が格段に増えたということです。落ち着いて本が読めるようになりましたし、またよく考えるようにもなりました。時間の過ごし方が能動的に変わったようにも感じます。テレビの番組には見てためになるものもたくさんありますし、見て楽しめるドラマもいろいろあると思いますが、人生の最終章に入った私にとっては最早必需品ではなくなったようです。

「知的生活」と「孤独」は、かなりの部分が重なり合っているように私には思われます。もちろん大勢の人に囲まれながら、知的生活を送っている人も多いのではないかと思いますが、「知的生活が楽しめる人」と言う時、私は孤独な時間を価値創造に充てることができるような人のことを主に考えています。「孤独地獄」という言葉がありますが、孤独が地獄のように耐えがたいような状態になるのではなく、孤独を楽しむことができるようになることが大切ではないかと思っています。年を重ね、老人になると、例外はともあれ、人は誰しも孤独になるものです。私はパソコンやスマホは利用しておりますが、どちらとも限定的な範囲の活用にとどめております。72歳の現在も日本語教師として学校で教え

ています。学校ではiPadも使っております。IT機器は、留学生たちのようには上手に使えませんが、最小限の知識はもっているつもりです。

「米国の大学で化学、基礎医学を学び、その後現地でジャーナリストとして何千人もの海外の識者にインタビューを重ねてきた」という大野和基氏の略歴に感心して、著書を読んでみようと思い、見つけたのが、『知の最先端』（大野和基インタビュー編）という本でした。「知的生活」について書こうとしている私は、主に古典を重視してきましたが、最先端の知性にも興味がありましたので、この本を精読してみることにしました。2013年に出版されたこの本のプロローグで編者の大野氏は、「……その知性の最先端に位置するのが、本書で登場する七人の天才である。彼等の肩書は社会心理学者、政治学者、経済学者、ロボット製作会社CEO、都市社会学者、経営学者、作家と多岐にわたるが、そのいずれの著作もが数十年、数百年後にはアダム・スミスの『国富論』のように、古典として人々に愛されていることだろう。……」と書いています。この本を興味深く読んだのですが、編者が7人の天才と呼ぶ中から3人のインタビューの内容を見てみたいと思います。

初めにシーナ・アイエンガー氏。彼女は高校進学時点で既に全盲であったにもかかわらず盲学校に通わず、公立高校、ペンシルバニア大学、スタンフォード大学大学院に進み、博士号を取得したとのことです。彼女の肩書は社会心理学者で、現在（2013年）コロンビア大学ビジネススクール教授。著書『選択の科学』は日本でも翻訳版が出版され、10万部を超えるベストセラーになっているとのことです。

　大野氏（の質問）　――日本がこれから新しい道を拓くにあたって、原動力となるのは何でしょうか。

　アイエンガー　やはり若い世代の力を活用すべきでしょう。変化を起こすのは、いつでも若者です。現在、日本の若い世代に対しては「文化的知性」（cultural intelligence）というものを教えています。

　大野　それはどういうものでしょうか。

　アイエンガー　世界のほかの地域出身の人を理解する能力です。これまで慣れ親しんできた文化とは異なる文化において新しい状況を学ぶ思考力や、相手の文化に共感し、適応する行動力を養う。これは日本のビジネスパーソンのほんとうに弱いところです。

　大野　海外に住んだことがない日本人はどのように、さまざまな人種の方と交わることに慣れていけばよいのでしょうか。

　アイエンガー　じつは私は、その点を中心にプログラムをつくっているのです。たとえば、ある日本の会社では、若いリーダーをアメリカのキャンパスに送って、ニューヨーカーを管理することを強制的にやらせます。しかも、そのノウハウは事前に教えません。もがき苦しむなかで身につけさせるのです。つまり、当事者は言葉も環境も文化も異なるかなりストレス度が高い環境に置かれます。そうしたことを直接経験することでしか、身につける方法はありません。

　大野　相手の文化に共感し、適応する行動力を養うためには、やはり共通の媒介＝語学が重要になると思います。日本人が英語を苦手とするのは有名ですが、語学もまた「もがき苦しんで」のみ、体得できるものでしょうか。あなたが準備されている「文化的知性」を育むプログラムのなかに、示唆的なものはありますか。

アイエンガー　他言語を学ぶ重要性は断言できるでしょう。日本人は英語の映画をみたり、音楽を聴いたりはします。そうやって親しむこともよいのですが、やはり話せるようにならねばなりません。日本人は、じつは英語を知っているのですが、うまく話すことができず相手に愚かだと思われるのではないか、と怖がっているようです。私が実際にやろうとしているプログラムの一つに、すでにほかの国の人がプロジェクトを進めている場に、いきなり日本人を参加させるだけではなく、それについて実際に経験する機会を与える、というものがあります。そうすることでもっと深く相手のことが理解できるからです。

　アイエンガー氏の「文化的知性」という言葉に魅かれましたので、そのことに関する部分を引用させてもらいました。彼女の話の内容はとても興味深く、斬新的な試行のように思われます。「語学はもとより何事であれ、もだえ苦しんで身につけるための努力をする」ことが重要だと私も思います。全盲というハンディキャップを抱えながら、生きる道を切り拓いてきた彼女の言葉だからこそ重みがあると思いました。

　二人目は、クリス・アンダーソン氏です。「現に彼はフリーミアムという新たな価値基準を提示することで資本主義の考え方を一変させ、３Ｄプリンタの本質を議論することで、製造業のイノベーションの可能性を指し示した。時代を象徴するムーブメントを分析し、それを鮮烈な言葉で示してくれるオピニオンリーダーの一挙手一投足に、世界は熱い視線を送っている。」と大野氏は書いています。

　大野　製造業という点では、かつて世界最強を誇った日本メーカーが新興企業の追い上げにあい、苦しんでいることは明らかです。あなたはソニー、パナソニックといった日本企業が苦戦している理由として、「オープンイノベーションを活用できていない」と指摘されていました。これから日本企業はこうした課題を克服できるのでしょうか。

　アンダーソン　アメリカにも大企業がありますから、ソニーの問題はキックスターターのようなオープンイノベーションを活用できなかったということに留まりません。考えるべきはアップルや、グーグルとの違いです。この二つの企業は、それぞれ大企業でありながらお互い非常に似通ったエレクトロニクスです。ソニーは素晴らしい製品をつくっていますが、その違いはどこにあるのでしょうか。答えはプラットフォームにあります。アップルやグーグルなど、シリコンバレースタイルのウェッブ企業は、自らプラットフォームをつくってきました。プラットフォームこそが、オープンイノベーションの活用される場なのです。……」

　大野　かつてソニーなどで働いていた技術者が、サムスンにヘッドハントされています。日本企業の衰退に伴って、多くの有能なエンジニアがアジアを中心とする諸外国の企業に高給で引き抜かれているのが現実です。

　アンダーソン　日本には素晴らしい技術と優秀なエンジニアを育てる文化がありました。このような国は発展していくものです。しかし問題は、大企業が成長しつづけるのはとてもむずかしいということにほかなりません。基本的に、企業が大きくなればなるほど、その動きは遅くなります。今日、企業が成功するために何

より必要なのはスピードです。すばやいイノベーションが成果を
もたらすのです。

　私の腕時計がうってつけの例でしょう。現在、キックスター
ターの製品であるペブルのスマートウオッチを愛用しています。
じつはソニー製のスマートウオッチも、この商品と同じ週に発売
されました。しかし、ペブルは圧倒的にソニーの製品を上回って
いました。ペブルをつくったのは、パロアルト市に住む四人の若
者です。彼らが大企業であるソニーの中核となる商品を打ち負か
しました。……

　アンダーソン氏の発想の仕方は通常の次元を超えているように
私には思えました。大野氏は「革新的なテクノロジー誌である
US版『WIRED』を、十一年ものあいだ編集長として牽引してき
たクリス・アンダーソン氏が、……メディア業界を去り、意外と
もいえる転身を果たした先はまさにその製造業だった。カリスマ
的なオピニオンリーダーが先頭に立ち、次世代のモノづくりを
リードすることで、かつて印刷業がデスクトップ・パブリッシン
グへと構造変化を遂げたように、製造業のイノベーションが加速
することは間違いないだろう。……」とも述べています。

　この本からの引用はこれが最後ですが、三人目は、2017年度ノー
ベル文学賞受賞者のカズオ・イシグロ氏です。1954年長崎県で生
まれ、1960年、父親の仕事関係で渡英後、イギリス人になった彼
の書籍を私は2008年、イギリス短期留学中、よくロンドンの本屋
で見かけました。『知の最先端』（大野和基）が出版されたのは、
2013年11月ですから、その4年後にノーベル文学賞を授与された

ことになります。大野氏は「人生は有限であり、われわれはすべてを望むことができない。こうした次元で考えたとき、対象を『役に立つか』という視点で捉えることは、たしかにその人生を効率的にするだろう。このとき切り捨てられるものとして槍玉にあがるのは人文系、とくに文学の類だ。しょせんは虚構であり、有益ではない――しかし、その虚構性にこそ、真の知性が表れると私は信じている。優れた文学作品は、直截的なテーマを提示せずとも、人間の存在意義について雄弁に語るのだ。稀代の作家、カズオ・イシグロ氏の作品にはすべて、『人間とは何か、運命とは何か』という普遍的なテーマが横たわっている。……」と述べています。

　大野氏の質問に対するイシグロ氏の話は、丁寧で長文になっておりますので、ここでは、イシグロ氏の発話文に限って、引用しておきたい箇所だけを取り上げたいと思います。

　イシグロ　……私が昔から興味をそそられるのは、人間が自分たちに与えられた運命をどれほど受け入れてしまうか、ということです。……歴史をみても、いろいろな国の市民はずっとありとあらゆることを受け入れてきたのです。自分や家族に対する、ぞっとするような艱難辛苦を受け入れてきました。なぜなら、そうしたほうがもっと大きな意義に適うだろうと思っているからです。……

　イシグロ　……われわれは大きな視点をもって、つねに反乱し、現状から脱出する勇気をもった状態で生きていません。私の世界観は、人はたとえ苦痛であったり、悲惨であったり、あるいは自由でなくても、小さな狭い運命のなかに生まれてきて、それを受け入れるというものです。みな奮闘し、頑張り、夢や希望をこの

小さくて狭いところに、絞り込もうとするのです。そういうことが、システムを破壊して反乱する人よりも、私の興味をずっとそそってきました。……

　イシグロ　……究極的な言い方をすれば、私はわれわれが住む人間の状況の、一種のメタファーを書こうとしていたのです。幸運であれば、七十歳、八十歳、おそらく九十歳まで生きることができますが、二百歳まで生きることはできません。つまり現実には、われわれの時間は限られているのです。……

　イシグロ　……時間的な問題だけではありません。時代や変化する世界とも関係があると思います。あるアイデアがあっても、そのアイデアとそのとき生きている世界との関係とか、いったい自分は誰なのか、という問題がうまくかみあわないとダメですね。あるとき、そのアイデアをいまこそ使うときだとひらめき、さらに芳醇なものへと開花させるのです。……

　このようなイシグロ氏の作品についての背景思想を知ると、世界的ベストセラーとなった『わたしを離さないで』を始めとする、氏の作品の味わい方が違ったものになりそうです。実際に私は、彼の作品を翻訳版で読みました。『遠い山なみの光　A Pale View of Hills』と『日の名残り　The Remains of the Day』の２冊を精読しました。ここでは、『日の名残り』についての感想を書いてみたいと思います。小説の主人公は、イギリス政界の名士に仕える執事です。その名士の邸宅であるダーリントン・ホールを舞台に、20世紀の二つの世界大戦が行われた時期に繰り広げられた非公式な国際会議のことや、執事の品格などについて大変興味深い話が豊富な話題を伴って書かれています。

　著者は歴史の事実を踏まえて、第一次世界大戦を終結させるために、連合国とドイツの間で1919年6月に行われたベルサイユ条約のことも話題に取り上げ、小説の中に取り込んでいます。執事の思い出話として、語られるのですが、ダーリントン・ホールでは、外交交渉さながらの激論が展開され、読者を飽きさせません。イギリス外務省で働いていたダーリントン卿は、フランスの厳しい対独要求を少しでも緩和させようと懸命に努力していたことが執事の話として語られます。この執事は主人であるダーリントン卿を心から尊敬し、卿に忠誠を捧げ続けるのですが、第二次世界大戦後、この主人は対独協力者として非難され、葬り去られます。丸谷才一氏による解説（書評）から、少々引用させてもらいますと、「イシグロは大英帝国の栄光が失せた今日のイギリスを風刺してゐる。ただしじつに温和に、優しく、静かに、それは過去のイギリスへの讃嘆ではないかと思はれるほどだ。……これは充分に悲劇的な物語で、現代イギリスの衰へた倫理と風俗に対する洞察の力は恐ろしいばかりだ。これだけ丁寧に歴史とつきあひながら、しかしなまなましくは決してなく社会をとらへる方法は、わたしを驚かす。殊に、登場人物に対する優しいあつかひがすばらしい。」と丸谷氏は述べています。この解説の中に「イシグロが川端康成にではなくディケンズに師事してゐることを喜んだ。」とありましたので、私は、チャールズ・ディケンズの代表作と言われる『デイヴィッド・コパフィールド』（中野好夫訳）の第1巻を購入し、読んでみました。読書はいろいろな楽しみ方があるものです。以上の通り、この本『知の最前線』も様々な知的刺激を与えてくれました。

私にとっての知的生活と言えば、英語とドイツ語で書かれた原書の訳読もまたその一つです。興味をそそられる本を探して、購入し、辞書を片手に精読しています。私は、複数言語話者を目指して、60代に入ってから、つまり還暦後から、10言語（英語・ドイツ語・フランス語・イタリア語・スペイン語・ロシア語・アラビア語・韓国語・中国語・日本語）の学習を続けてきました。順調に継続できているものもあれば、途中でギブアップしそうになったものもありますが、原書で本が読める言語は、今のところ私の母語である日本語と、英語とドイツ語の３つです。その他の言語は、発音や単語、簡単な文章や文法を、少しずつ学習している段階です。記憶力はまだありますが、無残なほどに衰えています。単語を覚える努力は無駄ではないかと思えるほど、やっと記憶できたと思っていた単語が、翌日にはすっかり忘れてしまっているということが頻繁に起こります。「もがき苦しむ」という表現がぴったりの言語学習です。英語では、インターネット検索で見つけた記事を始め、タイム、ニューズウィーク、エコノミストのような海外の雑誌、コナン・ドイルやアガサ・クリスティーの探偵小説なども楽しんでいます。ドイツ語では、エッセイを中心に読んでいますが、ドイツ語の場合、読むスピードは非常に遅く、芋虫の速さで読んでいます。精読を心掛けていますので、いつも辞書は必須です。

『Eine kleine Kaffeepause』（マーティン・B・スタンツェライト）というエッセイの中の「Japan-Boom」を読んでいる時に、「Wussten Sie zum Beispiel, wie beliebt das japanische Zahlenspiel Sudoku ist?」（例えば日本の数字を使ったゲーム、数独が、どれほど人気があるか、知っていましたか。）という文章

に出会った時、私は「数独」というゲームのことを全く知りませんでした。ネットで検索すると、数独・ナンプレ（ナンバー・プレイス）という項目で、沢山のサイトが現れました。以来私は数独に嵌まってしまい、無料で楽しめるサイトを利用して、毎日頭を悩ませるようになりました。私にとってゲームと言えば、将棋と囲碁くらいでした。世の中には、たくさんの、いろいろな種類のゲームがあるようですが、専ら私は日本の伝統的な将棋と囲碁だけを嗜んできました。私は、数独を知って以来、このゲームも知的生活の一つに加えることにしました。

　知的生活の送り方は、人それぞれだと思いますが、私は還暦を迎えてからは、孤独を避けるのではなく、孤独に寄り添い、孤独を楽しめるような自分になりたいと思うようになりました。これからの日本では、独居老人を始め、様々な形態の１人暮らしが増えることが予想されております。独居老人の私も孤独に強い自分を目指し、より一層充実した知的生活が送れるように、さらに書物に親しみ、知識を知恵に変える道を学び続けたいと思います。

第 **4** 章

人生はミステリー

「この世は、一寸先は闇」と思えるようなことを、私はいろいろ見聞きしたり、また自分自身でも経験したりしてきました。我々人類の住処、宇宙船地球号では、予測不可能なことが毎日のように起こっています。天文学や気象学においても様々に異常な現象が報告され、また、わが国においても、地震や火山の噴火などの自然災害を始め、不可解な事件や事故、無差別殺人や突然死の発生等々、人生には、不思議なこと、不可解なこと、神秘的なことが溢れています。業・祟り・怨霊等についても、信奉の有無を問わず、そのような世界もまたミステリーに満ち満ちています。正に人生はミステリーです。

　自然科学の分野に限らず、人文科学や社会科学等の分野においても、様々な神秘が潜んでおりますから、それらについての研究や謎の解明に携わっている人たちも大勢いらっしゃいます。2009年頃、私がたまたま本屋で見つけた本が、『ミトコンドリア・ミステリー』（林純一）でした。高校の生物の授業で「ミトコンドリアは、粒子状の細胞小器官で、生命エネルギーの製造工場として重要な役割を果たしている」と教わった、あのミトコンドリアの謎を解明しようと、研究活動を25年間続けてきたという著者の本でした。

　分子生物学（molecular biology）に興味を持っていた私は、この本を面白そうだと思い、購入し、精読しました。『広辞苑　第六版』では、分子生物学について「生命現象を分子的側面から解明する生物学。特に遺伝子の働きに関係する核酸や蛋白質の構造・生成・変化などを、分子のレベルで解明する研究が中心。今日の生物学の基礎となっている。」と説明されています。

　林氏は、『ミトコンドリア・ミステリー』のプロローグの中で、

次のように述べています。「ミトコンドリアの祖先と我々の祖先
ともいえる原始真核生物が出会ったのは、いまから約10億年以上
前のことだといわれている。この運命的な出会いによって、両者
は一つの生命体として生まれ変わり、莫大な生命エネルギーを獲
得できる仕組みを発達させた。その後、この生命体は爆発的な進
化を遂げ、我々、人類のように、高次で複雑な生命機能を営むこ
とのできる生物が誕生することとなった。」と。ミトコンドリア
研究は目覚ましい進歩を遂げ、1974年以降、2002年までの間だけ
で、ミトコンドリアに関する三つの研究にノーベル賞が授与され
ているとのことです。ミトコンドリアの研究は、以前盛んだった、
エネルギー生成のメカニズムの解明を主眼とする基礎研究から、
近年では医学や薬学などの分野での分子生物学的研究が増えてい
るそうです。そういえば最近（2018年）、NHKのテレビ番組「た
めしてガッテン」で、ミトコンドリアが取り上げられたという記
事をネットで読みました。その記事によると、「ミトコンドリアは、
私たちの体の細胞内にある小器官です。一つの細胞に数個〜数千
個のミトコンドリアがあり、酸素と栄養素をエネルギー源とし、
細胞を活性化させるためにATP（アデノシン三リン酸）を作り
出しています。ミトコンドリアの働きにより、傷ついた細胞を修
復したり、新しい細胞を作り出したりしています。」とのことです。
この小器官は私たちの日常と密接に関係しているのですが、ミト
コンドリアという言葉を知っている一般人は、恐らく今のところ、
まだ少数派ではないでしょうか。「ためしてガッテン」の関連記
事には、「ミトコンドリアの数は年齢とともに減少してしまいます。
……また、生活習慣の乱れからミトコンドリアの質が落ちてしま
う場合もあります。ミトコンドリア不足は、細胞の衰えにつなが

るので、ミトコンドリアの働きは老化とも密接に関係しているのです。」とも書かれていました。

『ミトコンドリア・ミステリー』（林純一）に戻りますと、「私たちの細胞内には、生命活動に必要なさまざまな機能を効率よく働かせるため、核やミトコンドリアのほかにも、機能の異なるさまざまな細胞小器官が存在している。……このように私たちの体を構成する細胞にはさまざまな細胞小器官があるが、動物細胞で独自のDNAを持っているのは核とミトコンドリアだけだ。ミトコンドリア内に含まれるDNAは、核に含まれるDNAとはまったく別物である。そこで、両者を区別するために、ミトコンドリアの中にあるDNAのことをmtDNAと呼んでいる。」そうです。「第2章　ミトコンドリアはどこからきたのか」では、「地球上に最初に現れたのが原核生物だった。」と、三つの原核生物について説明されています。「第一が原始真核生物、第二が葉緑体の祖先となる原核生物、第三がミトコンドリアの祖先となる原核生物である。」。そして「第一の原始真核生物は、細胞膜を取り込んで新たに二重膜で覆われた核という細胞小器官を発達させ、その中に自らの遺伝情報を担っているDNAを確保することで真核生物へと進化していったと考えられている。……一方、葉緑体の祖先となった第二の原核生物は、光合成をする能力を進化させ、原始の地球にたっぷりとあった二酸化炭素と水と太陽光を利用してブドウ糖と酸素を合成した。」と述べられています。そして、地球上には存在しなかった酸素が、こうして蓄積していったと述べ、次のように続けます。「意外に思われるかもしれないが、酸素は生物にとって極めて危険な物質である。酸素は全元素中、フッ素についで二番目に電子を引きつける力が強く、周囲にある物質と手

当たりしだいに結合するという性質を持っている。そのため、酸素が体内に入ると、生命活動に必要なDNAやタンパク質と酸化反応を起こしてボロボロにしてしまうのである。」と。この酸素を発生させる葉緑体の祖先の活動が、多数の生物を絶滅させる中で、新しい原核生物が誕生するわけですが、これがミトコンドリアの祖先となる第三の原核生物で、この原核生物は、光合成によって地上に増え始めた酸素を利用してブドウ糖を二酸化炭素と水に分解し、ブドウ糖に蓄えられた化学エネルギーをATP（アデノシン三リン酸）の化学エネルギーに変換する能力、すなわち酸素呼吸を行う能力を獲得したとのことです。そして、原始真核生物の一部は、この第三の原核生物を自らの細胞内に取り込み、酸素の処理工場として、また同時に生命エネルギー生産工場として利用したとのことです。こうしてミトコンドリアと共生し始めた真核生物が、やがてより高等で複雑な生物へと進化していったと述べています。この「細胞内共生説」は、一つの仮説だと思いますが、読みながらなかなか面白いと思いました。

　核膜に手厚く保護された核DNAと違い、mtDNAは、ミトコンドリア内で絶えず発生する活性酸素の直接的影響に晒されており、ミトコンドリアには癌の発症や糖尿病を始めとする生活習慣病、老化などに関連した疑惑の目が絶えず向けられてきたとのことです。この本の著者は、特に「癌ミトコンドリア」原因説の真偽に深く関与し、試行錯誤の実験を繰り返し、仮説を立証した直後に、海外の研究者たちの、別の仮説が世界的な注目を浴びるといったように、ミトコンドリアを巡るミステリーが次々と意外な展開をみせたことについて、いろいろなエピソードを交えて、この本の中で報告しています。この本の最後では、著者は「ミトコンドリ

ア連携説」という仮説を主張して、ミトコンドリアの相互作用を「ユニークな防衛システム」と表現し、次のように述べています。「ミトコンドリアは核にまつわりつくように存在し、大切な核DNAが有害物質にさらされるのを最小限にくい止める、いわば最前線の防波堤となっている。……しかし、有害物質はこの防波堤を乗り越えて核DNAにダメージを与えることもあり、そのときに老化や癌化への引き金が引かれるのだ。」と。

　私はこの『ミトコンドリア・ミステリー』という本を再読する中で、『99.9％は仮説』（竹内薫）という本に書かれていた内容の一部を思い出しました。科学の歴史は仮説に次ぐ仮説の歴史で、「科学はぜんぶ仮説にすぎない」と述べている竹内氏の本は、科学的な物事を疑いもなく信じてきた、私の従来の考えを打ち砕いてくれました。物理的自然科学の業績は時代を越えて積みあがっていくものといわれているようですが、250年余りの間、定説のように信じられていた仮説「ニュートン力学」は、アインシュタインの相対性理論に打ち負かされ、その後「量子力学」、「超ひも理論」等々、次々と新しい仮説が現れていることに驚かされるとともに、科学者たちが「科学の世界のミステリー」を解明しようと日夜研究に勤しんでいる姿が目に浮かぶようです。

　ウェッブサイトの「理化学研究所」の記事によれば、「ミトコンドリアは、細胞のエネルギーであるATP（アデノシン三リン酸）の生産工場です。また、ミトコンドリアは真核生物の祖先に寄生したバクテリアの子孫といわれ、その名残として、細胞核とは別に独自のミトコンドリアDNA（mtDNA）を持っています。mtDNAは１つの細胞に数千個ほど存在します。ミトコンドリアによる酸素呼吸は、副産物として活性酸素種（ROS）を発生し、

その作用でmtDNAがしばしば突然変異して変異型となります。加齢に伴い変異型mtDNAが蓄積すると、細胞内で正常型と変異型が混在した『ヘテロプラスミー』になっていきます。そして、変異型の比率がある閾値を超えると、ミトコンドリア病、糖尿病、神経変性疾患、がんなどを発症させることが知られています。……」とのことです。さて、「生命エネルギーの生産工場」としてのミトコンドリアに注目して、『ミトコンドリア・ミステリー』（林純一）の中から要点箇所を幾つか引用させてもらいましたが、ミトコンドリアはアポトーシスの実行の司令塔としての役割を持っていることが分かってきたそうです。

『ヒトはどうして死ぬのか　死の遺伝子の謎』（田沼靖一）という本の中では、アポトーシスという言葉が生まれたエピソードについて、次のように書かれています。

　1972年、スコットランドに留学していた病理学者J.F. カーは、一本の論文を発表しました。病変を起こした組織の切片を顕微鏡で観察している最中、カーはプレパラートの上に不思議な光景を見たのです。それは、死にゆく細胞の様子でした。その細胞は、彼が知っている細胞の死に方――膨らみ、破裂して死を迎える細胞の壊死＝ネクローシス（necrosis）――とは、まったく異なる姿を示していました。正常な細胞と比べて少し小さく、一部は小片となった、見慣れない像。しかもその像は一つではなく、いくつも見て取ることができる。

　カーはその細胞死の観察結果から、細胞が自ら一定のプロセスを経て死んでいく、壊死とは別の「死に方」があるのではないかと考えました。そして、その「死に方」をアポトーシス

（apoptosis）と名づけ、論文にまとめたのです。……カーが論文を発表するまで、細胞の「死に方」には分類が存在していませんでした。細胞死は壊死という言葉で一括りにされ、誰もそのことに疑問を挟まなかったのです。

　またアポトーシスについて田沼氏は、次のように書いています。

　アポトーシスとは、たとえて言えば細胞の"自殺"です。ただし、自殺といっても細胞が自ら勝手に死ぬというわけではありません。細胞は、内外から得たさまざまな情報——周囲からの「あなたはもう不要ですよ」というシグナルや、「自分は異常をきたして有害な細胞になっている」というシグナル——を、総合的に判断して"自死装置"を発動するのです。

　『ミトコンドリア・ミステリー』（林純一）のコラム欄には、アポトーシスについて次のように説明されています。

　アポトーシスの対象となるのは、発生初期には必要であったのに成体ではかえってじゃまになるような細胞も含まれる。古くから知られてきた例として、オタマジャクシの尾の細胞が挙げられる。尾はオタマジャクシが成長してカエルになると不要になる。そこで成長期になると、尾の部分の細胞が死に、カエルのようにしっぽが消える。昆虫の幼虫から成虫への変態では、さらに劇的で総合的な細胞のリストラが行われる。たとえばチョウが幼虫のときには、地面を這うのに必要であった筋肉細胞も、空を飛ぶ成虫には重荷となる。そこで、さなぎの中で幼虫から成虫に変態す

る時に、筋肉組織はアポトーシスによって静かな死を迎える。ミトコンドリアはこのプログラム細胞死をコントロールする中枢に位置している。そしてその個体や子孫の個体の生存を脅かす害のある卵を自らが出す指令によって死滅させることにより、自分だけでなく子孫の死も回避しているのである。つまり、ミトコンドリアは、大量の生命エネルギーの生産と、プログラム細胞死（アポトーシス）実行の司令塔としての役割という、生物が生きるためになくてはならない極めて重要な二つの役割を果しているのだ。何という皮肉だろう。私たちはパラサイトなしでは、一時たりとも生きていけなくなっているのである。

　このような事実が次々と発見されていくのが、科学研究の世界です。しかし、ミトコンドリアについても、まだミステリーの一部が解明されただけで、おそらく永遠にミステリーは残り続けるのではないでしょうか。人の世のミステリーは、パスカルが人間を喩えて、「考える葦」と呼んだように、人が「考える葦」だからこそ、人間に思惟し、思考する力がそなわっているからこそ存在するのであって、人間には、ミステリーは避けては通れないように思われます。

『医学常識はウソだらけ　分子生物学が明かす「生命の法則」』（三石巌）という本の中にも、ミトコンドリアについて次のような記述がありました。

　手足を動かすのはもちろん、食べたものを消化したり、細胞を作り替えたりする作業も、エネルギーがないとできない。睡眠中

でさえ心臓は動いているわけだから、私たちは常にエネルギーを作っては消費するという作業を繰り返している。そのエネルギーを作る工場が、ミトコンドリアという小器官だ。ミトコンドリアはソーセージのような形のもので、一つの細胞に平均1000個もある。ここでブドウ糖や脂肪酸が燃やされて、エネルギーが作られる。ミトコンドリアは、ブドウ糖や脂肪酸を効率よく燃やすために、大量の酸素を使う。その酸素の最低2パーセントが、活性酸素に変身してしまうと計算される。体内では常にエネルギーが作られているわけだから、活性酸素も常に発生していることになる。

　以上のように述べて、三石氏は、この活性酸素を細胞の「電子ドロボー」と呼び、次のように書いています。

　では、活性酸素は体内でどんな悪さを働くのか。手っとり早く言えば、人間の味方だった酸素は、活性酸素に姿を変えたとたんに「電子ドロボー」という悪者になってしまうのである。……あらゆる物質は、分子の集まりである。さらに一つひとつの分子は、いくつかの原子の集まりである。その原子を見ると、原子核のまわりをいくつかの電子が回っていることがわかる。……ところで、生命の維持に欠かせない酸素の原子を見ると、電子の数は八個である。ふつう電子は二個ずつ、それぞれ軌道にいるはずなのだが、酸素原子は少々変則で、外側の軌道に一個ずつ入っている。……大気中では、酸素原子が二個結合した酸素分子として存在している。この形では、酸化力はさほど大きくない。けれども、体内で酸素が利用されるときには、酸素の電子配置がいろいろと変化する。それによって酸化力が強くなり、ルールどおりの電子のやり

とりなどそっちのけで、強引に他から電子を奪おうとする。これが、活性酸素の正体である。活性酸素の酸化力が必要もないのに発揮され、体内で悪行を働いてしまうのだ。……電子ドロボーの被害者は、体内にあるタンパク質や脂質の分子である。ときには遺伝子が狙われる。電子を一つ横取りされたために、その分子の構造が変わり、本来の働きができなくなってしまう。その結果、老化や病気が起こるのである。

　分子生物学に基づいた「分子栄養学」の創設者である三石氏は、この本の中で、「医学は科学ではない」と明言されています。私は、「目からウロコ」の知恵や知識を、この本から数多く学ぶことができました。

「人生はミステリー」と題して、ここまで書いてきましたが、ミステリーの意味の1つとして、「推理小説」があります。私は「The Adventures of Sherlock Holmes」（アーサー・コナン・ドイル）や「Agatha Christie's BEST STORIES」（アガサ・クリスティー）などを原書で読んできました。私は、英文のニュース記事等は案外スラスラと読めるのですが、小説の英文はなかなか手強いです。

　シャーロック・ホームズが関与した事件の中で「The Red-Headed League」のミステリーはなかなかのものです。一度読んで内容を知ってしまえば、英文はともあれ、そのミステリー性に、それほどの驚きを感じることはないかも知れませんが。英語で書かれた題名の日本語訳は、「赤毛組合」とか「赤毛クラブ」などとなっています。この物語の概略は次の通りです。

　髪が燃えるような赤毛の、ある質屋の主が、ある日の朝、ホー

ムズを訪ねて相談を持ち掛けました。やがてワトスン医師も同席して、詳しく話をきくことになります。その主は、雇い始めたばかりの男から新聞広告を見せられ、赤毛組合の空席に応募するように勧められて、その面接に行きます。そして、大勢の応募者の中からただ一人採用されるのですが、その仕事の内容とそれに対して支払われる報酬の金額の大きさに関して、一種の詐欺ではないかとの疑いを持ちます。その広告には、「アメリカの、ある故人の遺志に基づき、赤毛組合には現在一つの空席があり、ただの名目的な仕事に対して週給4ポンドの報酬がもらえる資格をその組合の空席に与える。年齢が21歳以上の、心身ともに健康な、全ての赤毛の人々が、応募の資格を持つ。月曜日11時に、フリート通りにある組合の事務所で、ダンカン・ロスに会って、直接自分で応募せよ。」といった内容が書かれていました。この空席に採用された質屋の主は、日曜日から土曜日、毎朝10時から午後2時まで、百科事典ブリタニカを書き写す仕事を続け、毎週土曜日に報酬を受け取っていました。このようにして8週間が過ぎたのですが、次の週の朝、事務所に着くと、入口のドアは施錠されており、扉のパネルの真ん中に「赤毛組合解散　1890年10月9日」と書かれた厚紙が鋲で留められていました。この質屋の主の店の真裏の通りには、銀行があり、その銀行の地階に保管されている巨額のナポレオン金貨を盗む計画を立てた盗賊一味の計略が、この事件の背後に潜んでおり、質屋が留守の間に、盗賊たちは、質屋の地下から銀行までの坑道を掘っていたのでした。以上がこの物語の簡単な粗筋です。

　この事件についての、ホームズの観察や推理が、どのように行われたかは、原文を読み解く上での楽しみの一つであり、またこ

のような推理小説の訳読作業それ自体が、私には、ミステリーの解明作業のようにも思われ、いつもワクワクしながら読んでいます。この『The Red-Headed League』の原文の一部を書き写しておきますので、玩味してください。

"My dear Doctor, this is a time for observation, not for talk. We are spies in an enemy's country. We know something of Saxe-Coburg Square. Let us now explore the paths which lie behind it." The road in which we found ourselves as we turned round the corner from the retired Saxe-Coburg Square presented as great a contrast to it as the front of a picture does to the back. It was one of the main arteries which convey the traffic of the City to the north and west. ……It was difficult to realize as we looked at the line of fine shops and stately business premises that they really abutted on the other side upon the faded and stagnant square which we had just quitted. …… "A considerable crime is in contemplation. I have every reason to believe that we shall be in time to stop it. But today being Saturday rather complicates matters. I shall want your help tonight."

『シャーロック・ホームズ17の愉しみ』（J. E. ホルロイド編）という本は、シャーロッキアンたちの有名なエッセイを集めたものです。アーサー・コナン・ドイル作品の、偽作、パロデイー、研究、批評などが書かれた本ですが、先述した『赤毛組合』については、この物語に出てくる日付の矛盾点等について詳しく書かれ

ています。私はコナン・ドイルの作品を、単なる推理小説として読みましたので、日付の不一致などには余り興味がありませんでした。特に内容の奇抜さと推理や観察の特異性などを楽しみました。しかし、シャーロッキアンの人たちは、作品に書かれていることを様々に取り上げて、楽しんでいるようです。この本の訳者あとがきに、次のように書かれていました。「シャーロッキアンといえば、もっとも高尚な趣味で、米国のルーズベルト、トルーマン両大統領をはじめとして、日本では……第一級の上流階級が『ワトスンは何回結婚したのだろうか』などという研究をする一種の高等な、庶民には手のとどかないあそびだ、と誤解されてきたようだ。……いま日本では、平均寿命の延長と自由時間の増大とによって、人生をどう過ごすかという生き甲斐の問題がクローズ・アップされつつあるし、生活に遊びの心やゆとり、うるおいをもたせることが必要な時代になってきた。さらに、学生ばかりでなしに中・高年者も頭を使っていないと回転がにぶくなるともいわれる。こうした観点からみれば、碁や将棋と同様に、シャーロッコロジーがもっと大勢に楽しまれるようになるのは望ましいことであろう。……」と。

　日本の推理小説界にも、既に鬼籍に入られた方も含めると、高木彬光、松本清張、和久峻三、笹沢佐保、内田康夫、西村京太郎、宮部みゆき、東野圭吾などなど、その他大勢の有名な推理作家がいます。人が人を殺す、いわゆる「殺人」は、日本でも、日常茶飯事とはいかなくても毎日、どこかで起こっている出来事と言っても過言ではないでしょう。猟奇的殺人も時々新聞やテレビ等で報道されます。つい先程まで、穏やかで優しそうに見えていた人が、何事かをきっかけに突如として殺人鬼に変身することだって

あり得るのです。

　ミステリー小説では、殺人事件の犯人を追跡中に展開される様々なドラマや人間模様、旅情等も描かれます。時代設定、登場人物、筋書き、殺しの手口、人物描写、心理描写など、いろいろな話題や専門知識も交えて、書かれています。私も推理小説は、多読とは言えませんが、気に入った作家の作品を追いかけるようにして読んできました。ただ単に筋書きが面白いものよりも、読んで何かが学べるような推理小説を好んで読んできました。法廷ミステリーや、実社会の病根が徹底した取材に基づいて書かれた作品とか、毒物や科学の知識が学べる本のようなものを特に選んで、読んできたように思います。「事実は小説より奇なり」とも言われますが、「人生はミステリー」と言えるほど、実社会で生を営む中でも、様々に不可思議なことで彩られた事件に遭遇することがあるのではないかと思います。1人が経験できることは僅かかも知れませんが、人類の数ほどミステリーが存在していても不思議ではありません。「命」そのものが、最たるミステリーと言えるのですから。

　この章の最後に、私自身の体の一部に起こったミステリーについて書いておきたいと思います。

　50代の半ばを過ぎた頃、私は自身の左右の指の全てに異常な症状が発生していることに気がつきました。この時点では、全ての指の第一関節に結節ができて指先が曲がり、変形しているだけの症状でしたが、一体何が起きているのだろうと心配で、形成外科を訪ね、診断してもらいました。また左小指の第二関節にも結節がありましたので、リューマチの検査もしてもらいましたが、結果は陰性でした。「指の関節の変形は、原因不明ですので、とり

あえず尿酸値を下げる薬を処方しておきます」と医師に告げられ、その後、処方された薬の服用を続けながら、仕方なくそのままにしておきました。何年経っても薬の効果は全く現れませんでした。それどころか、60代に入ってから数年後、朝起きる度に変形した全ての指が腫れて、熱を帯び、疼き出したのです。なす術もなく苦しみ続けていましたが、歯の治療のため、歯科医院を訪れた時、その歯科医に指のことを相談したところ、はっきりとその病名を告げられたのです。「それは、ヘバーデン結節と呼ばれるもので、目下原因不明で治療方法もありません」と。「しかし、私には治療できるかも知れません。実は最近私は、『歯原病』という病気の治療を行っているのですが、不治とされた病気が好転したり治癒したりするという、何例かの驚くような治療結果を見せてもらっていて、毎日ワクワクするような思いで、感激しています」と言って、その歯科医は、いろいろな具体例を挙げて、治療の成功事例について情熱的に話してくれました。

　その歯科医の著書『歯原病』（中島龍市）によれば、「歯原病とは失活歯（神経を抜いた歯、あるいは虫歯や外力により神経が死んだ歯）が作り出すさまざまな全身の病気であり、病巣感染でもあります。」とのことです。「神経を抜いて、虫歯の治療をされた歯（失活歯）を抜かずに、象牙細管の中に生息する細菌を殺す治療を行います。」との説明を聞いて、私は一体どんな治療だろうと、興味を抱きました。その歯科医から、私の指の変形性関節炎の一種（ヘバーデン結節）も、「歯原病」の一つだと言われ、保険外治療になること等の説明を了承し、この治療を受けることに決めました。私の歯には、失活歯が３本ありました。３本の歯の歯原病の治療は、２か月余りで終了しました。果たして象牙質内の細

菌は死滅したのでしょうか。それはミステリーでした。「治療後に、象牙細管の中の、細菌の死滅を確認する方法は今のところ存在しない」とのことでしたので、結果で判断することになりました。その歯科医は、著書『歯原病』の中で、「……その結果、象牙細管の中の細菌を死滅させることができるのです。しかし、これはin vitro（試験管内）でのことです。in vivo（生体内）で、象牙細管の中の細菌を死滅させることができるとは安易には言えません。」と述べています。

　驚いたことに、歯原病の治療が終了して僅か5日後には、全ての指の熱と痛みが消え始めました。結節と腫れは元のままで、指の開閉もうまくいかず、不自由な状態が続いていましたが、時間の経過と共に、指の開閉が自由にできるようになり、3年後には右手の指は全て自由に開閉できるようになりました。左手に関しては、小指以外は右手同様に、自由に曲げ伸ばしできるようになりましたが、小指だけは、第二関節の結節の腫れのため、自由に開閉できない状態が続いていました。この小指の腫れも少しずつ減ってきましたが、治療から7年余り経った現在もこの小指だけは、完全に曲げることはできていません。リューマチではないと診断された、この小指の第二関節の結節は、ブシャール結節と呼ばれるものだそうです。毎朝起床時に変形した両手の全ての指が強張り、熱を帯びて腫れあがり、ズキズキ痛んでいた当時のことを考えると、生活の質（QOL）は、格段に向上しました。歯原病の治療を勧め、丁寧に、入念に治療してくださった歯科医には、心から感謝しております。

　この「歯原病」という病名は、世界中のどの国においても、まだよく知られていないのではないでしょうか。私は、医学や歯学

の門外漢ですが、この「歯原病」についてネットで調べたり、本を読んだりして、ウェストン・A・プライス博士やジョージ・E・マイニー博士についての情報を、ほんの少しですが、集めてみました。2010年に行われた、東京歯科大学の奥田克爾名誉教授へのインタビューに基づく記事から、以下の通り数か所を引用させて頂きます。

「ウェストン・プライス博士の『口腔慢性感染症は重篤な疾患の引き金になっている』と述べた研究は燦然と輝いている。『DENTAL INFECTIONS』の1・2巻1174ページの本が東京歯科大学の書庫にあったが、1926年に船便で届いたもので、『With cordial greetings to the Tokyo Dental College』とのサインもあるが、本学では殆ど読まれたことがない。」

「プライスの歯性病巣感染説を確かなものとして正しく評価したのは、医師たちであった。特に米国ミネソタ州ロチェスターのメーヨー・クリニックのチャールズ・メーヨーは、口腔慢性感染症が全身疾患の引き金になっていることを数多くの論文で発表した。」

「病巣感染説を確立したのは、ハーバード大学の予防医学衛生学教授のミルトン・ロスノーであった。……シンシナティー大学医学部マーチン・フィッシャー教授は、『DEATH AND DENTISTRY』を出版し、『歯科医師は歯を守ろうとのスローガンで口腔感染症の本質を見失って、患者を死に追いやっている』と述べた。フィッシャーは、『歯内療法での根管充填に伴う隠れた副作用や駆逐されないで生存し続けた細菌が再発を起こし、場合によっては命さえ脅かす疾患を引き起こしてしまうことを充分に認識した歯科医師は殆どいなかった』と述べている。」とのことです。

『ROOT CANAL COVER-UP　初版1993年』（ジョージ・E・マイニー）によれば、マイニー（George. E. Meinig）博士は、米国歯内療法学会を立ち上げた１人であり、根管治療の専門家として、細菌を死滅させる、抗生物質の効果を信頼して、歯を抜かずに治療する根管治療に長年従事してきたとのことです。ウェストン・A・プライス博士は、1900年から1925年までの25年間にわたる根管治療研究の成果を『DENTAL INFECTIONS』と題する本に書いて、1925年に出版し、歯の病巣感染について警鐘を鳴らしたことから、以後感染症に罹患した歯は、全て抜くことを奨励され、「虫歯は全て抜く」のが当たり前といった状況が1950代初期ころまで続いたそうですが、その頃、細菌を死滅させる強力な抗生物質が使用できるようになり、抜歯ではなく歯内療法という、歯を抜かずに治療する方向へと次第に変わっていったとのことです。そしてウェストン・A・プライス博士の病巣感染説は、少数の医師と歯科医のグループに受け入れなかったこともあって、やがて重要視されなくなり、歯を抜かずに残すことを主体とする歯内療法による歯根管治療が、細菌を死滅させる強力な抗生物質の下で、安心して続けられてきたそうです。

　ところが、ジョージ・E・マイニー博士が、25年間に及ぶ病巣感染説の研究について書いたプライス博士の本を読み、その重大な事実に気づき、1993年に著書『ROOT CANAL COVER-UP』（直訳は『根管隠蔽』）を出版し、警鐘を鳴らしたことにより、約70年後に再びプライス博士の研究成果の真実性が注目されるようになったとのことです。これは正しく途方もなく驚くべき、巨大なミステリーではないでしょうか。

　この隠蔽された事実について、私が学んだことは、「完璧な歯

根管治療と言っても、歯髄を取り除かれ、充填され、金属等の冠をかぶせられる前後において、その治療された歯の象牙質の中の細菌については全く無関心で、全ての細菌は死滅したと考えられていること自体が間違いであるということが、プライス博士の研究によって既に証明されていた。象牙細管の中には、抗生物質が届かず、生きている嫌気性の細菌が存在し、これらが様々な病巣感染を引き起こしている。」ということでした。またジョージ・E・マイニー博士のインタビュー記事（2007年）により、次のようなことも知りました。

1．長年にわたり根管治療に携わってきたマイニー博士本人が、根管治療の過ちを暴露し、自身の罪を告白していること。
2．根管充填された歯は、血液の供給が断たれており、抗生物質は届かないので、細菌を殺せない。特に象牙質内に潜む嫌気性の細菌は抗生物質から守られていること。
3．マイニー博士が、本を書いた目的の一つは、歯科の研究に刺激を与えて、象牙細管を減菌する方法を見つけてもらうこと。

　私は、自分自身の全ての指に、ヘバーデン結節という異変が起きていたことをきっかけに、歯原病という病名を知り、中島歯科医院でミステリーともいえる治療とその結果を経験しました。左右全ての指が変形し、熱を帯びて腫れあがり、強張った状態で、なすすべもなく困り切っていましたが、歯原病の一つだと指摘され、その歯原病の治療を受け、数日後には、熱がひき、年月の経過と共に、全ての指が自由に曲げ伸ばしできるようになりました。このことも私にとっては大きなミステリーでした。

第 5 章

生と死の考察

「生と死」については、先述しましたように、私は「一体不二」・「生死不二」と考えております。ギリシアの哲学者プラトンのイデア論や仏教経典の中の「法華経」において説かれる「永遠の生命」、『ここまで来た「あの世」の科学』（天外伺朗）などなど、いろいろな思想に触発され続ける中で、私はそのように考えるようになりました。また医学や天文学を始め、科学や哲学等の様々な研究成果の一端を知れば知るほど、また自分自身で思索を重ねれば重ねるほど、「人は死ねば一切が終わるのではない」と考えるようになりました。

中でも私が学んだ仏教哲学では、「空仮中の三諦論」や「法報応の三身論」などを学ぶことができ、それらの教えに深く共鳴するとともに、哲学的に生命の謎の解明に近づけたような思いを抱きました。これらの形而上学的内容の仮説は、物理的には（目に見える形では）証明できていませんから、信奉や信仰の世界に止まっていますが、私の個人的な「生と死の考察」に大きな影響を与えたのではないかと思います。

先ず、「空仮中の三諦論」について簡単に説明してみたいと思います。

三諦とは、「空諦」・「仮諦」・「中諦」のことです。中国天台宗の開祖、天台大師（智顗）は、釈尊一代の説法を華厳時から法華・涅槃時までの５時に整理しました。この天台大師の説によれば、釈尊は５時の説法においてそれぞれ三諦を説きました。５時のうち阿含時から般若時に至るまでは、仮諦を説き、華厳時には空諦を説き、法華時において中諦（中道）を説いて、一代説法をしめくくったとされています。空諦とは、万法の性分をいい、仮諦とは、森羅万象が因縁によって仮に和合していることをいい、

中諦（中道）とは、宇宙万法の本体のことです。人間の生命に関して、この三諦を当てはめれば、空諦が心の働き、仮諦が身体の働き、中諦が生命本体の働きということになります。そしてこの３つがバラバラではなく、一体となって機能していることを「総の三諦」と呼んでいます。

　次に、三身とは、「法身」・「報身」・「応身」のことであり、人間の生命では、報身が心の働き、応身が身体の働き、法身が生命本体の働きであり、「三身即一身」という表現が意味するように、これらの３つは融合し、目に見えない法身を中心に形成されていると説かれています。仏教哲学の本来の意味では、「三身即一身」は、これらの三身が、一仏身にそなわっていることを表し、様々に論述が展開されていますが、私は、これら３つを、生命を構成する客観的な要素として捉え、その経説のダイナミズムの一端に触れてみたいと思います。

　ホワイトヘッドについて述べたところで、彼がデカルトの二元論の欠陥と弊害について論じていましたが、物質（身体）と精神（心）が融合して初めて生命の真実の姿が理解できるのではないかと言っているように、「色心不二」とは、色（物質・身体）と心（精神）が融合し、一体不二となっている様態を表現しています。目には見えない「生命」という本体の中に、心と身の働きが具わっているという、この経説について、私は全ての生命誕生のドラマが内包されているようなダイナミズムを感じます。そして、死ぬ時は、三身が一身（法身）に融合し、一つとなって宇宙生命に溶け込む姿が、私にはリアルに想像されます。言うまでもなく、この経説は一つの仮説に過ぎませんが、かなりの説得力をもって私の脳裡に迫ってきます。

『前世療法』（ブライアン・L・ワイス）という本に出遭って、この本を読み進むうちに、ヒプノセラピーの世界に引き込まれるような魅力を感じました。精神科医である著者のワイス博士は、「私は科学者として、また医者としての思考方法をしっかりと身につけ、自分を保守的な専門分野に押し込めていた。伝統的な科学の手法で証明されないものは、何であれ、決して信じなかった。アメリカのいくつかの有名な大学で心霊現象などが研究されていることは知ってはいたが、私は注意を向けなかった。自分とは全然関係がないと思い込んでいたのである。」と、この本のプロローグで述べています。そのような精神科医が、催眠療法を受けにやってきた一人の女性（キャサリン）に、退行催眠を試みたところ、紀元前1863年に自分に起きた出来事とか、1473年にオランダで本人が別の自分として生きていた時の出来事とか、彼女の前世の出来事についての詳細な記憶を告げられ、驚き狼狽したのですが、その時のことを次のように表現しています。

「私は驚きあきれていた。前世だって？　輪廻転生だって？　彼女が幻想を見ているのでもなければ、物語を作っているのでもないことは、私の医者としての知識からも確かだった。彼女の考え方、表現の仕方、細部への注意の向け方などすべて、普段の彼女とは違っていた。精神医学のあらゆる事例が私の心をよぎったが、彼女の精神状態や性格からは、今起きたことを説明することはできなかった。精神分裂症だろうか？　いや、彼女は一度も、分裂症的な症状を示したことはなかった。……」

　ワイス博士は、比較宗教学の教科書を読み返してみて、輪廻転生のことが旧約聖書にも新約聖書にも書かれていたこと、また、それが553年に開催された第二回宗教会議で削除され、輪廻転生

の概念は異端であると宣言されたこと等を知ります。こうしてワイス博士は、疑惑を抱きながらも、慎重にこの女性の退行催眠を続けていく中で、今まで思ってもみなかった「生と死」についての考え方を学ぶことになります。

　この本の第十六章に、「最近、私は瞑想も始めた。ちょっと前までは、瞑想などはヒンズー教かカリフォルニアの変人達がやるものだぐらいにしか思っていなかった。キャサリンを通して私に伝えられた数々の教えは、私の日々の生活にすっかり根づいてしまったのだ。人生の一部としての生と死の深い意味を知ることによって、私は前よりももっと忍耐強く、人々にもっとやさしく愛情深い人間となることができた。それによいにつけ悪いにつけ、自分の行動に責任を感じるようにもなっている。いつかは自分のしたことのつけを支払わねばならないのだ。自分がしたことは、いつか必ず自分に戻ってくるのである。」と述べています。

　このワイス博士の『MANY LIVES, MANY MASTERS』（日本語訳『前世療法』）と題する本は、1988年、米国のサイモン・アンド・シャスター社から出版されました。さらにこの本の続編とも言える本が、1992年、『THROUGH TIME HEALING』（『米国精神科医が挑んだ、時を越えたいやし　前世療法②』）と題され、同じくサイモン・アンド・シャスター社から出版されました。この本の中に書かれている過去世退行体験のようなことが、社会通念になるには、もっと多くの時間が必要ではないかと思われますが、現在、ヒプノセラピー講座のようなものが、アメリカだけでなく日本でもかなり増えているようです。

　もし、「人が死んだら全てが終わり、後には何も残らない、人骨は自然に帰るだけ」だとしたら、「生と死」についての考察な

93

どは、不要で無意味なことです。もしそれが真実ならば、「一度きりの人生だから好きなように生きよう」と、自由奔放に羽搏こうと考える人が大勢になるかも知れません。また本能的で衝動的な、とても人間的とは言えない、動物的な生き方が横行することになるかも知れません。しかしながら、特異な例外はあるにしても、「死を恐れない人間はいない」と言っても間違いではないでしょう。戦場や危険な場所に住んでいれば死の恐怖は常に身近にあり、平和な暮らしの中でも、わが身に死が迫ってきたら、誰しも死の影に怯え、死を恐れ、死を忌避するのが人間の習性であり、現実ではないでしょうか。「俺は死など怖くない。死ねば全て終わりだから」と言っている人も、殺害予告を受けたりして、実際に自分の身に死が迫ってくると、不安が募り、気が動転してしまうのではないでしょうか。

　人間は生まれながらにして、様々なカルマ（業）を背負っているように見えます。今世に生まれ出てくる時に、既に諸々の差異や差別を抱えているように思われます。それらの差異は成長するにつれて徐々に現れてくるのですが、身体的、能力的、容貌的、社会的等々の差異を、先天的に持って誕生することは明らかではないでしょうか。その差異はどこでどのようにして作られたのでしょうか。何が原因で貧乏な家庭に、才能に恵まれず、不自由な障害をかかえて、等々の劣った境遇で生まれなければならなかったのでしょうか。また一方では、裕福な家庭に、いろいろな才能に恵まれて、美貌と健康を具えて、等々の優れた境遇で生まれるのはなぜなのでしょうか。

『ここまで来た「あの世」の科学　改訂版』（天外伺朗）という本に書かれた内容から、著者の考えを見てみたいと思います。こ

の本は改訂版の初版になっていますが、2017年に出版されたこの本の「改訂版まえがき」の中で、著者は「この十年間は、私にさまざまな気付きをもたらしました。それを反映して、本書の『死後の世界』に関する記述は、大幅に書き直しました。」と述べています。1994年に出版された『ここまで来た「あの世」の科学』（天外伺朗）は、ベストセラーになり、1996年に私が購入したのは、11版でした。

　1996年当時、私はこの本を精読し、書かれている内容の大部分に感動しました。この本の著者、天外伺朗氏は、本名を「土井利忠」といい、ソニー・インテリジェンス・ダイナミクス研究所所長で、ロボット犬「AIBO」の開発責任者としても知られている有名な方です。本の題名「あの世の科学」の「あの世」とは、いわゆる「死後の世界」のことではなく、「この世」とペアをなす表現であることを理解しました。「この世の科学」は、デカルト、ニュートンによる近代科学思想から、相対性理論、量子力学、ブーツストラップ理論、超ひも理論へと進展していったことについて、科学者としてのトレーニングを積んでいない私のような者にも理解できるように説明されていました。

　ここでは主として、改訂版の内容を見てみたいと思います。

　物理科学だけでなく、深層心理学のような学問も含めて、これらの科学が、次々と仮説・証明を繰り返し、新たな理論へと発展を遂げていった研究成果は、皮肉にも科学者たちが、科学的ではないと長い間受け入れて来なかった、世界の様々な宗教・哲学が説いている内容にどんどん近づいていったと述べ、著者は次のように書いています。

「ニュートンが、近代科学の基礎を作ってから300年、人類の文

明は科学的合理主義を拠り所に大発展を遂げました。アインシュタインやボーアをはじめとする、本当におおぜいの科学者たちが苦労に苦労を重ねてまいりました。……──ようやくのことで、頂上が見えるかなと思ってヒョイと上を見ると……そこには、キリストや釈迦をはじめとするおおぜいの宗教上の聖人たちが、ニコニコ笑って待っていたのです──」

「輪廻転生」については、次のような記述が見られます。「……次に、『輪廻転生』の例を調べてみましょう……インドをはじめとして、前世の記憶を保持した子どもたちはおおぜい発見されており、すでに数多くの本も刊行されております。……『輪廻転生』の存在を示唆する状況証拠は、ものすごくたくさん集まっています……でも、科学には疑い深くあらねばならぬ、という哀しい習性というか、宿命があるのです。たとえ、上記のデータが、すべて正しいと証明されたとしても、『輪廻転生』の存在の証拠にはなりません。……なぜでしょうか……それは、もし『サブ・プランク・スケール領域』に情報がたたみ込まれているとしたら、それは『個体』や『時間』を超越しているはずだからです。つまり、『サブ・プランク・スケールの知識』を読みにいける人は、『他人』の『過去』の知識を読めたとしても不思議ではないのです。そのメカニズムは、『テレパシー』や『透視』と基本的には同じはずです。本当は『輪廻転生』をしていなくても、いくらでも他人の過去の人生の記述ができてしまうことが、理論的にはあり得るわけです。」と述べ、天外氏は、「輪廻転生」という概念は根本的に見直すべきだと言っています。

　少し長い引用になりましたが、私には大変重要な記述のように思われましたので、書き写させてもらいました。著者のこのよう

な主張を理解するためには、実際に著者の本を読んでいただくしかありませんが、「サブ・プランク・スケール」とか「アカシック・レコード」など、この本には、いろいろな専門語（jargon）が出てきます。私の簡単な陳述では、そのような専門語の補足説明ができておりませんので、興味のある方はぜひ著者の作品を読んでいただきたいと思います。

　この本の中には、フロイトとユングの関係についても、大変興味深い話が書かれています。

「いつの時代のいかなる分野でも、学問の世界は保守的であり、新しい考えを排除しようとするものです。それまで長年にわたって築き上げられてきた学問体系を覆すような、革新的な学説を提唱する学者は、例外なく保守的なアカデミズムの世界の激しい抵抗に遭うのです。」と述べ、アインシュタインを始め、多くの優れた科学者たちが迫害された事実を挙げ、フロイトもユングもともに村八分のような状態に陥ったことについて述べています。

　ユング32歳、フロイト51歳の時、ユングは当時村八分になっていたフロイトに接近し、フロイトを評価したのでした。しかし、やがてユングはフロイトの性理論に疑念を抱くようになり、フロイトから離反してしまったのですが、その経緯についても詳しく書かれています。またユングが「無意識との対話」を通じて、遂には「集合的無意識」という仮説を作り出すまでに至った軌跡が詳細に述べられております。大変分かり易く誰にでも理解できるように書かれているように私は思いました。

　この本の最後は、「結論　宇宙は、全体として、ひとつの生命体です。その基本は、『無条件の愛』であり、また『仏性』であり、宗教が神や仏と呼ぶ概念と一致します。」という仮説で締めくく

られております。私は殆ど違和感なくこの本を読むことができました。

「輪廻転生」については、『前世療法』（ブライアン・L・ワイス）について書いたところでも触れましたが、この本の中で書かれている「輪廻転生」についての記述は深層心理学等の科学の研究成果を踏まえたものではないかと思われます。『広辞苑　第六版』では、輪廻転生について「迷いの世界で何度も生まれ変わること」と説明されていますが、この言葉は、幾つかの違った意味で使われているように感じます。ヒンズー教の輪廻転生においては、「人間は前世のカルマによって今世の生が決まる」とされ、この考えに基づいてカースト制（ヴァルナ・ジャーティ制）が作られたようです。

　カースト制に対するアンチテーゼを掲げていた仏教の祖、釈尊は、「人の評価は、生まれによってではなく、生まれた後の振る舞いによって決まる」というようなことを説き、運命決定論ではない考えをもっていたようですが、仏教の「輪廻転生」は、「六道輪廻」、「輪廻生死」などとも言われ、生じるのは人間界に限らず、地獄界から人間界までの六道の迷いの世界で、永遠に生死を繰り返すことを意味しているようです。

　さらにワイス博士の本で使われている「輪廻転生」の意味は、人が死んで再び生まれる時は常に人間として生まれるようで、人間が永遠に生と死を繰り返すことのようです。この場合、本来、ヒンズー教、仏教、キリスト教、イスラム教等の教えの一つである「輪廻転生」の意味が、一般化されて「人が何度も生まれ変わること」の意味として使われているように思われます。

　ともあれ、近未来に「輪廻転生」のような考えが社会通念とな

る日がくるのでしょうか。物理的な証明ができない限り、どこまでも仮説にすぎないのですから、この考えには大きな壁が立ちはだかっているように思われます。しかしながら、物理科学的証明や理性の限界を超えた直観的推察や形而上学的考察によれば、正確なことは分からなくても確かに「輪廻転生」のようなものが存在することは信じられることのように私には思われます。

　プラトン（前427—347）のイデア論について、『プラトンの哲学』（藤沢令夫）に書かれた内容を見てみたいと思います。

　プラトンの著作は、すべてが対話篇で、前期対話篇の『ソクラテスの弁明』『クリトン』他、中期対話篇の『饗宴』『パイドン』『国家』他、後期対話篇の『パルメニデス』『テアイテトス』他、36篇が今日まで伝えられているとのことです。

「1834年、英国科学振興学会は、第４年次大会に参集する研究者たちのために、もはや実状に合わなくなった『自然哲学者』という呼称に代えて、『物質世界に関する知識の研究者』の意味で新しく、『科学者』（scientist）というそれまで存在しなかった英語を造ったが、これは、事実上、哲学からの『科学』の独立宣言であったといえる。」と、この本の著者、藤沢氏は述べています。

　そして、先述したホワイトヘッドより11歳年長のラッセル（Bertrand Russell）のソクラテスについての見解を次のように紹介しています。「『パイドン』の主役ソクラテス（つまりはプラトン）について、『彼はその思考において科学的でなく、世界のあり方が彼の倫理的基準に合致するものであることを何としてでも示そうとした。これは真理への裏切りであり、最も悪質な哲学的罪業である』と述べたうえで、『彼は一人の人間としては聖者の仲間入りを許される』かもしれないが、しかし『哲学者としては、

科学の煉獄に長期間留置される必要がある』と判決を下している。」と。

　著者はまた、このラッセルの見解は、ホワイトヘッドとは正反対であったとも記しています。ラッセルはホワイトヘッドと共著で『数学原理』３巻を著したことも書かれています。このようなラッセルの判決について、著者は「要するにラッセルたちのこの判決は、イデア論を中心に全一的な性格を特色とするプラトンの哲学が、論理実証主義的な科学主義の教条──『検証』できない何らかの超感覚的な原理を立てる形而上学的思想の全面排撃、また『世界の本性についての理論』と『最善の生き方についての倫理的・政治的教説』とを明確に区別すべきこと──と根本的に相容れないからにほかならない。」と述べています。

『ここまで来た「あの世」の科学』（天外伺朗）の内容とラッセルの発言を比較対照してみると、科学者と哲学者の本来あるべき姿が推察されます。科学と（自然）哲学は、本来一つのものであり、互恵的関係であるべき両者が、互恵関係を喪失してしまった科学至上主義の時代を経て、今日再び相互に連携を深め合う時代が来ていることを示唆しているように思われます。

　プラトン哲学の「イデア」は、カント哲学では純粋理性概念を表す「イデー」と呼ばれ、ヘーゲル哲学では、「絶対的実在」を意味するようになったようですが、「目に見えない形而上学的存在で、理性によって思惟されるもの」という意味であることは共通しているようです。

『プラトンの哲学』（藤沢令夫）では、『饗宴』（プラトン）の中で語られる「美のイデア」について、次の４点が挙げられています。

①まず第一に、それはつねにあるものであって、生じることも滅びることもなく、増すことも減ずることもない。

②次にそれは、ある面では美しいが他の面では醜いというようなものではなく、ある時には美しいが別の時には美しくないということもなく、これと比べれば美しいがあれと比べれば醜いということもなく、またある人びとにとっては美しいが他の人びとにとっては醜いというように、ここでは美しいが、かしこでは醜いというようなものでもありません。

③さらにまたこの〈美〉は、それを観得する者に対して、顔とか手とか、その他何であれ、肉体に属するものの姿で現われることもないでしょうし、また特定の言説や知識の形で現われることもないでしょうし、またどこか他の何かの内に、例えば動物とか大地とか天空とか、その他何らかのものの内にあるものとして現われることもないでしょう。

④それは純粋にそれ自体だけで、つねにただ一つの相を保ってあるものなのであって、他の美しいものたちはすべて、次のような仕方でこれを分けもっているのです。すなわち、他の美しいものたちが生じたり滅びたりしても、かのものはそれによっていささかも増減することなく、またいかなる影響をも受けることがないのです。

この美のイデアについての定義のような４つの記述を読んで、一般的に人々は何を思うでしょうか。数のイデア、幾何学上のイデア、人工物のイデア、自然物のイデア、善のイデア、魂のイデア等々について、プラトンによるイデア論が語られているようですが、プラトンに見えていたものは一体何なのでしょうか。恐ら

く彼は、「巧みなる絵師の如く」万物を描き出し、創り出し、また生滅をも司る、目には見えないが、しかし厳として存在する永遠不滅の実在を見ていたのではないでしょうか。

この本の著者である藤沢氏は、「そして現代においても、相対性理論や量子力学以来〈物〉が最終的には原理上の確かな手ごたえを失い、『客観（的）』と『主観（的)』、『事実』と『価値』の峻別が崩れ、学問領域の専門的細分化も硬直性を緩めて学際性が要求されるようになった状況の中で、全体的な世界像が求められるとすれば、それは基本的には、われわれが見てきたプラトン的世界像の現代的再生しかありえないと私には思われる。」と述べています。

この章の最後に、鎌倉時代の仏教僧で、法華経の行者として生涯を生きた日蓮の遺文集の一つ『三世諸仏総勘文教相廃立』の一節を引用したいと思います。

「生と死と二つの理は生死の夢の理なり妄想なり顛倒なり本覚の寤を以て我が心性を糺せば生ず可き始めも無きが故に死す可き終わりも無し既に生死を離れたる心法に非ずや」

この文の解釈はいろいろあると思いますが、私には、天外伺朗著『ここまで来た「あの世」の科学』で述べられている、10の−33乗cm以下のサブ・プランク・スケールの領域にたたみ込まれた、時間も無く、空間も無く、生も死も無く、全てが融合された、あの世と呼ばれる暗在系の世界を提唱している高名な理論物理学者、デビッド・ボームの仮説と、この日蓮の言葉の意味するものとが重なっているように見えます。

第 **6** 章

ブック・ハント

私は30歳から40歳にかけての10年余り、広報の仕事のため、特にマスコミ各社の記者や総局長、報道部長等を訪ね、話をする機会が何度もありました。その際、自分の知識の貧弱さを痛感し、猛勉強を開始することになりました。政治、経済、歴史、国際情勢等々について、全国紙や地方紙の新聞記事を始め、総合雑誌や経済関連の週刊誌、様々な分野の書籍などを熱心に読み漁りました。また米国の週刊誌「NEWSWEEK」や「TIME」などのカバー・ストーリーなども辞書を引きながら読み続けました。

　35歳ごろからは、毎週土日は殆ど、特に規模の大きな本屋に入り浸って、自分の感性で、これはと思えるような本との出遭いを求めて、数時間を過ごすことが20年ほど続きました。私は、この作業をブック・ハントと名づけて、毎回、政治・経済・医学・科学・哲学・宗教・歴史・語学・教養・文学等の10分野余りの本棚から、1分野10冊程度、合計100冊余りを手にして、はしがき、目次、あとがき等を読んで、気に入った本をその都度何冊か購入して、精読することを続けてきました。

　ブック・ハントで出遭った本の中から何冊かを選んで、内容を主観的に吟味しながら私の考えを述べてみたいと思います。

　先ず、『活眼 活学』（安岡正篤）を取り上げてみたいと思います。この本は、全国師友協会の月刊誌「師と友」に掲載された安岡氏の訓えをまとめたものとのことです。安岡氏について、「東洋学の泰斗として、戦前戦後の政財界トップに多大な示唆を与え続けた」と、この本のカバーの裏表紙に書いてありましたが、私は安岡氏を、陽明学の大家で、歴代総理大臣の指南役として名を馳せた人物と認識しておりましたので、そのような人物の本と出遭い、その本を購入し、精読してみたのでした。

「肉眼と心眼」について述べられたところでは、人間は、潜在エネルギーの旺盛な人になることを目指すこと、また心眼を開いて肉眼では見えないものが見えるようにならなければならないことを様々な逸話を挙げて説き、次に大切なことは、読書であると述べ、良書を読むことを薦めています。「読書も、つまらない時間つぶし、気晴らしというような読書では駄目、我々の人間味というもの、我々の内面生活というもの、つまり我々の表、社会生活というものから隠れておる潜在面、即ち精神生活というものに得るところのある人間的教養の書物というものをできるだけ持つということであります。」と述べています。

「時世と活学」のところでは、「知識・見識・胆識」の３つを挙げて、「知識なんていうものは、そのもの自体では力になりません。……かつてこの講座で人間精神の大事な要素についてお話をいたしましたが、その中で知識より見識が必要だと申し述べました。知識と見識は似ておるようですが、これは全く違います。……知識というものにもっと根本的なもの、もっと権威のあるものが加わりませんと、知識というものも役に立ちません。それは何かと言えば見識であります。」と述べています。

　そして、「この見識だけではまだ駄目で、反対がどうしてもあります。つまり見識が高ければ高いほど、低俗な人間は反対するでしょう。」と述べ、これを実行するためには、いろいろな反対、妨害等を断乎として排する「胆識」が必要だと説き、「つまり決断力・実行力を持った知識あるいは見識が胆識であります。これがないと、せっかく良い見識を持っておっても優柔不断に終わります。」と述べています。

「知識と悟道」のところでは、ゲーテの名作『ファウスト』の冒

頭の言葉を知識人の悲哀として紹介しています。

「はてさて俺は、ああ哲学も法学も、また医学も、なくもがなの神学も、一心不乱に勉強して、底の底まで研究した。そうして、ここにこうしておる。

　憐れな愚かな俺だ。そのくせ何にもしなかった昔より少しも偉くなっておらぬ。

　そして俺などに何がわかろうかと、そう自分で知っている！

　それを思えばこの胸がはり裂けそうだ。」

また、「日本近代の哲学界において最も高名であった西田幾多郎氏が晩年『禅に入って、余が禅を学のためになすは誤りなり。余が心のため、生命のためになすべし。見性までは宗教や哲学のことを考えず。』と言って、『世をはなれ人を忘れて我れはただ己が心の奥底に住む。しみじみとこの人の世を厭ひけりけふ此の頃の冬の日のごと。運命の鉄の鎖につながれて打ちのめされて立つ術もなし。』と詠じているのは、知識人に対する好い教訓である。」と述べています。

1988年、42歳の時、私はこの本『活眼　活学』と出遭って、読みながら、内容の深さに感動しました。高校3年生の時、図書館で西田幾多郎の『善の研究』を手にして、少しだけ読んだことを覚えていますが、内容はさっぱり分かりませんでした。高名な哲学者であった西田氏の晩年の言葉には、確かに味わい深いものが読み取れるのではないかと思います。

　私は、歴史について書かれた本もよく読みますが、1991年のソ

連崩壊後に書かれた、『戦争はなくならない　世界史の正しい読み方』（謝世輝）という本は、当時の日本の高校で教科書として採用されていた「世界史」の内容についての批判を始め、世界の激動に対して鈍感で現実感に乏しい、一般的日本人の平和ボケに警鐘を鳴らすなど、「ヨーロッパ中心史観」から脱却し、「何ものにも偏らない世界観をもつこと」を呼び掛けています。この本を再読玩味した2019年の現時点で考えてみても、書かれている内容は決して過去のことではなく、今もなお、そして今後もまだ、常に日本人に課せられた重要な問題であるように私には思われます。

　1945年に太平洋戦争が終結し、以来70余年をアメリカの軍事力に守られて、平和裡に過ごせた日本では、国防意識を始め、独立国家としての見識や矜持も弱体化してしまいました。著者の謝氏は、台湾生まれの学者で、台湾大学物理学科卒業後、名古屋大学大学院で理学博士号を取得し、科学技術史の研究を経て、世界史に転進されたとのことです。「謝世輝氏の研究の足跡は、原子物理学から科学技術史を経て世界史へと向かわれ、いずれの分野においても多大な業績をあげてこられた。……」と、同僚の教授による紹介文が掲載されています。この本は、謝氏にとっては母国語ではない日本語で書かれています。この本のまえがきで著者は、「人類は文明を誕生させて以来、あくことなく戦争を繰り返してきた。文明史は、そのまま戦争の歴史であり、戦争こそが人類にとっての常態だった。平和とは、つかのまの休戦状態にすぎない。」と述べていますが、この意見に、現在、果たして何人の日本人が賛同するでしょうか。

　敗戦国日本は、戦後GHQの要望に抵抗できず、一見理想主義的な思想を反映させているかのように作成された「日本国憲法」

を、やがて「平和憲法」と称するようになります。戦後の日本を
アメリカは、工業を持たない農業国にしたいと考えていたようで
すが、日本が二度と強国の道を歩めないようにあちらこちらに巧
妙な罠を仕掛けることに腐心したことがいろいろと指摘されてい
ます。

　1950年に起こった朝鮮戦争以後、アメリカはやむなく日本政府
に警察予備隊の結成を指示したり、戦争に必要なトラックの製造
を当時の豊田自動車株式会社に発注したり、戦争の必需品等を日
本の企業に作らせたりしたのでした。さらに1965年ごろからアメ
リカが本格的にベトナム戦争にのめりこんでいった際も日本は経
済的に多大な恩恵を被ることになりました。これらが戦争特需と
呼ばれていることは周知の通りです。憲法9条第2項で「陸海空
軍その他の戦力は、これを保持しない」と明記されている中で、
警察予備隊は、やがて現在の自衛隊へと進化しました。

　この謝氏の本で述べられていることの主な要点となっているの
が、「近代的価値観」と、それを実現させるための「近代合理主
義」です。「近代的価値観」について著者は、「人間は、1人ひと
りが独立した存在で、だれにも束縛されず自由で、かつ平等であ
るべきだという考え方である。この考え方の実現をめざして戦わ
れたのが、アメリカの独立戦争であり、フランス革命であった。
また、より急進的に平等な社会の実現をめざそうとしたロシア革
命も、基本的には同列とみなすことができるだろう。」と述べて
います。

　謝氏は、ドイツ観念論を大成したヘーゲルが、「世界史は人間
の自由を実現していく過程である」と捉え、「神の摂理によって
必然的に定められたものであり、歴史を支配する法則である」と

考えたことについて書いています。そして「ヘーゲルの歴史観を、一見科学的につくり直したのがマルクスである」と述べ、マルクスが唯物論的立場から提示した歴史観について書き、「アジア史についてはまったく勉強せず、無知であったマルクス」が、インドについて「われわれはこの下劣で、非作動的で、そして植物的な存在、この受動的な存在が、他面対蹠的にヒンドスタンにおいて、粗暴な、気ままな、放恣な破壊力をよびおこし、殺人をさえ宗教的儀式にしたことを忘れてはならない」（『マルクス・エンゲルス選集』第8巻上）と記述していることを挙げ、ヨーロッパ優越感を示す一例として紹介しています。

　この本の最後では、「国連改革私案」について述べ、「世界の一極支配をもくろむアメリカが、その野望を巧みに隠蔽する戦略の一つとして、今後ますます国連を利用するであろう」と書いています。2017年1月、アメリカにトランプ大統領が誕生するまでの期間、アメリカの国連利用は、事実大いに見受けられましたが、今やアメリカは「世界の一極支配」から後退し、「アメリカ・ファースト」の自国一国主義へと舵をきり、そちらの方向へ突き進んでいるように見えます。

「平和の砦として、国連はあまりに無力であるばかりか、湾岸戦争に見るように、むしろ、格差拡大や戦争の代行者となる可能性のほうが大きい」と述べていますが、これは今もなお真実であるように思われます。著者は、国連常任理事国の数を、第二次世界大戦の勝利国である、現在の5ヵ国から、10地域体制に増やすことを提唱し、「少なくとも、第三世界の意向の半分以上を反映する機関として機能しないかぎり、国連は存在価値がないと思う」と述べています。

『戦争はなくならない　世界史の正しい読み方』（謝世輝）と題するこの本は、日本人の歴史観を変えるための啓蒙本として、現在もなお、一読に値すると思います。私が、最近読み終えた、『帝国対民主国家の最終戦争が始まる』（三橋貴明）という本の内容とも一部共通する記述が見られ、両著とも偏らない歴史観を学ぶことの重要性を指摘しているように感じました。

　私はブック・ハントの際、語学の習得について書かれた本もいろいろ探してきましたが、その中の一冊を紹介したいと思います。『国際交流SPEAKING』（松尾弐之）は、1980年代に出版された本ですが、2019年の今読んでみても、英語という言語習得のために書かれた様々なアドバイスが新鮮に感じられる本です。当時の松尾氏の略歴は、「上智大学外国語学部英語科教授。アメリカ現代史の第一線の研究者であり、同時通訳者としても活躍中。……」と書かれていました。

　著者は、「How to speak. といった技術的なことがらよりも、What to speak. という内容や話し手の態度に注目するとき、私たちにかけられた英語べたという呪縛がとけてくるのではないだろうか。SPEAKINGというのは異文化のバリヤーをこえて真の意味で国際交流をおこなう行為に他ならない」と述べています。そして第1のステップから第4のステップまで、著者自身が経験した様々なエピソードを交えて、英語でそのような会話が行えるようになるための準備について書いています。

　「SPEAKINGには基礎というものがある。その基礎をしっかりと固めずしていくらあがいてみても英語の上達はありえない、ということをまず最初に申し上げたい。」と述べ、自身の体験を通してsentence pattern の習得の重要性について書いています。文

型を習得し、単語の置き換え練習や文の拡大練習のような地味な努力を積み重ねることによって英語を話す基礎ができあがることを執拗に述べています。

「英米人と話すときには極端すぎるくらい具体的なことから入ったほうがよいということだ。それは失礼なことでもないし、非友好的なことでもない。むしろ奥ゆかしい表現や玉虫色のことばづかいは英語では不要だといえる。definitionのはっきりしない表現や発想はむしろSPEAKINGのさまたげになる。」と述べています。

　私も沢山の英米人と付き合ってきましたが、日本語の呪縛に妨げられて、日本語の発想を英語の発話文に反映させてしまうことが、度々ありました。英語脳などという言葉も私の青壮年時代には聞いたことがありませんでしたので、松尾氏の助言のようなものを読んだり、日本語と英語の違いなどについて学習したりするまでは、英語を話す際の基本的な心構えがよく分かりませんでした。

　40代に入ってからでしょうか、ヨコ飯がある程度苦にならなくなったのは。60歳のころ、イギリス人と核廃絶について英語で議論した時のことを書いて投稿し、新聞に掲載されたことがありました。その内容は次の通りです。

　17日付本欄の投稿「5カ国率先し核廃絶に動け」に共鳴する一人である。佐賀バルーン大会審判員として来日した英国人と核問題を議論した。核拡散防止は戦勝5カ国のエゴイズムであり、いまのような考えでは核問題は根本から解決しないと主張した。そのとき訴えた私の核廃絶論の骨子は次の通りだ。北朝鮮、イラン

の核問題が話題に上る。ところが、既に核保有国のインド、パキスタンについては騒がれない。北朝鮮の核問題について日米は六カ国協議にこだわる。それは国益の立場からのこだわりだ。核は廃絶されるべき大量殺戮兵器。いかなる国も保有すべきではない。核を論じるとき、国益を基点にしてはならない。地球益、人類益の立場が欠かせない。廃絶への戦略として、まず戦勝5カ国が貯蔵するすべての核兵器を国連の管理下に移す。国連が段階的に各国の核廃絶の道筋を示せば、その他の核保有国、核疑惑国も核廃絶に賛成に転じるはずだ。核問題は国連常任理事国5カ国のエゴイズムを追及することから始めるべきだ。英語での議論ではあったが、私の考えにかの英国人は賛同してくれた。

（西日本新聞　2006年11月24日付）

『国際交流SPEAKING』の著者、松尾氏は、「英語が話せない理由の1つは、自分の知識が絵になるだけの具体性に欠け、それを補うために知らず知らずのうちに日本文を直訳しているからだ、といえるのではないだろうか。」と述べています。また「我々の英語は荘重である必要はない。ラテン系の長々しく重々しい単語を入れて立派な話をしたとしたらむしろこっけいであろう。1つには外国人である日本人がちょっとずれた発音で重々しく話すところにこっけいさがある。しかし、もう1つにはそのようなことは時代にそぐわなくなっているのである。いわば古めかしい話に聞えるのだ。簡単で、短いなかにも要を得ている文章が好まれてきている、というのが世の傾向である。」と書いています。

　私は「TIME」や「NEWSWEEK」のような雑誌で得た難しい単語を好んで使うのが常であったのではないかと思います。これ

は一種の衒いであり、このような衒学的な話者がどう思われるのかなどということについては、考えたことがありませんでした。私は、英語を話す時、書き言葉を多用していたことを思い出し、松尾氏の指摘に賛同するとともに、自分の発話姿勢を反省させられました。

　松尾氏は、「日本では難解なことは高級なことといった信念でもあるのだろうか、立派な学問に限ってむずかしい。……アメリカでは逆だ。聞いてもよく分らないことを言う先生は敬遠される。」と述べ、「英語の世界の場合、学問と文学においても分かりやすさを旨とする。普通の会話ではなおさらそうだ。ストレートに論点をだし、分かりやすく、飾り気なしに話すこと。big word といわれるむずかしいことばを用いずに語ること。そのへんにも SPEAKING のポイントがある。」と指南しています。

　この本もまた言語学習についての知恵や知識をいろいろ教えてくれました。『五輪書』（宮本武蔵）を何回繰り返し読んでみても、剣法の極意が身につくことも、剣道が強くなることもないというのが真実でしょう。書かれた内容を身で読むことは至難の業だと思います。しかし、読書によって得られた知恵や知識に基づいて、稽古に励み、生涯にわたって練習を続ければ、何事にしろ、何等かの悟りが開けるかも知れません。私は、その可能性を信じたいと思っています。

　次に『古代への情熱』（ハインリッヒ・シュリーマン）を取り上げたいと思います。私が読んだシュリーマンの自伝は第9版で、編者エルンスト・マイヤーの「まえがき」と「後記」が掲載されていました。またシュリーマンの妻、ソフィア・シュリーマンによって書かれた「初版のまえがき」も載っていました。

「私の後半生の活動はすべて、私がまだほんの子どもだったころに受けたいくつかの感銘によって規定されたのだということ、いやそれどころか、それらの感銘から生ずる必然的な結果だったのだということをはっきりさせたからにほかならない。言ってみれば、のちにトロイアとミュケーナイの王墓を発掘するつるはしとシャベルは、すでに、私が幼少時代の最初の8年間を過したドイツの小さな村で造られ、磨かれていたのだということなのだ。」と、シュリーマンが、その著『イーリオス』のまえがきで述べていることを編者のマイヤーはこの本『古代への情熱』の冒頭部分で紹介しています。

　シュリーマンは、プロテスタントの牧師で、古代の歴史に熱烈な興味を抱いていた父から、ポンペイの悲劇的な壊滅の話や、ホメーロスの歌う英雄たちの功業やトロイア戦争について感嘆をまじえながら語ってもらったとのことです。そして8歳になろうとしていた時、父からゲオルク・ルートヴィヒ・イェラー著『子どものための世界史』をプレゼントにもらい、その本の挿絵で、炎上するトロイアの都、その巨大な城壁などを見て、自分がいつかはトロイアを発掘することになると夢を膨らませたとのことです。

　シュリーマンの父は、ギリシア語はできませんでしたが、ラテン語には通じていて、ひまさえあれば、教えてくれたそうです。彼の天才的な語学習得の基盤造りもまた父の影響下で行われたように推察されます。9歳の頃母を亡くし、11歳の頃父の退任という大きな不運に見舞われるなど、青少年時代のシュリーマンは不運続きで、貧困にも苦しめられ続けたようです。1841年、19歳の時、乗せてもらった船が嵐にあって難破してしまいます。命を助けられたシュリーマンはオランダのアムステルダムへ向かいます。

　オランダで仕事に就き、勉学に心を向ける時間的余裕が得られ、シュリーマンは、いくつかの現代語の習得に打ち込んだそうです。その辺の文章を少々引用してみます。

「私は一心不乱に英語の勉強に打ち込んだ。そしてこの際、必要に迫られて、私はどんな言語でもその習得を著しく容易にする方法を編み出したのである。その方法は簡単なもので、まず次のようなことをするのだ。大きな声でたくさん音読すること、ちょっとした翻訳をすること、毎日一回は授業を受けること、興味のある対象について常に作文を書くこと、そしてそれを先生の指導で訂正すること、前の日に直した文章を暗記して、次回の授業で暗誦すること、である。」

「できるだけ速くよい発音を身につけるために、日曜には定期的に二回、イギリス教会の礼拝式に行き、説教を聞きながらその一語一語を小さな声で真似てみた。使いに行くときはいつも、雨が降るときでも、手に本を持って行って、少しでもそれを暗記した。郵便局で待っているときにも本を読まないことはなかった。……こういうやり方で、私はゴールドスミスの『ウエークフィールドの牧師』とウォルター・スコットの『アイヴァンホー』を全部そらで覚えてしまったのである。……この方法はだれにでもおすすめしたい。かくして私は、半年の間に英語の基本的知識をすっかり身につけることができたのである。」

　シュリーマンは、同じ方法で、フランス語、オランダ語、スペイン語、イタリア語、ポルトガル語、ロシア語、スウェーデン語、ポーランド語を次々と習得したとのことです。そしてこれらの言語を仕事に活かしたり、これらの言語で書かれた文学を読んだりしたと記述しています。またギリシア語の習得については、次の

ように述べています。

「私はギリシア語を習えるようになりたいという熱望をいつもいだき続けていた。しかしクリミア戦争まえには、それに手を出すのは得策ではないように思われた、このすばらしい言語の強烈な魔力に取りつかれて、商人としての関心がそらされてしまうのを恐れたのだ。」

「クリミア戦争中は、仕事に追いまくられて、新聞も満足に、いわんや書物などまったく、読める状態ではなかった。しかしいよいよ1856年1月、和平に関する最初のニュースがペテルスブルグに入ったとき、私はそれ以上願望をおさえることができなくなって、ただちに新しい勉強にとりかかったのである。……私は以前の勉強法をまた忠実に守った。……私は六週間という短い期間のうちに、現代ギリシア語をマスターすることに成功し、それから古典ギリシア語の勉強に取りかかった。そして3か月後には……ホメーロスを読めるのに十分な知識を獲得した。」そうです。

　ここで、学校の言語学習について次のように述べています。「すべての子どもたちがギュムナージウムで8年間ずっと、いや、ときにはもっと長い間、退屈な文法規則に悩み苦しんだあげく、ギリシア語の手紙を一通書けば、何百ものひどいまちがいを犯さずにはすまないことを私は見てきていたから、学校で行われている勉強法はまったくまちがっていると考えざるをえなかったのだ。私の考えでは、ギリシア語文法の根本的知識は、実地練習、つまり古典の散文を注意深く読むことと模範的作品を暗記することだけで身につけることができる。……」と。

　その後、25年間休んでいたラテン語の勉強を再開したことについて、次のように述べております。「現代ギリシア語と古典ギリ

シア語ができるようになっていた私にとって、ラテン語はほとんど骨が折れず、じきにこれをものにすることができた。」と。

　さらにアラビア語も実用的知識を獲得したそうです。シュリーマンは、これらの習得した10数か国語を仕事に活用し、商人として成功を収めます。また様々な言語で書かれた古代の文献を読破し続けていきます。

「その後も天は、商人としての私の企画すべてにすばらしい成功を恵み続けたから、1863年の終わりごろにはもう私は、いよいよ、子どものときからいだき続けて来た理想を大々的に追及する時期が来たと判断した。事業生活の繁忙の間にも、私はトロイアのことを考え続け、トロイアをいつかきっと発掘するという、父やミンナと取り交わした1830年の約束に思いを致すことを決して忘れはしなかった。」

　ここで出てくるミンナは、少年時代からのシュリーマンの恋人です。1846年、立派な商会主の代理として成果をあげ、完全に独立の立場を築き上げるとすぐに、友人に手紙を書き、「私に代わってミンナに求婚してくれるように頼んだ」のですが、ミンナはほんの数日前に他の人と結婚したという返事を受け取ります。「私はどんなに動転したことだろう。この失望は、そのときの私にはこれ以上のものはありえない深刻な運命のように思われた。私は何をする力もないほど完全に打ちのめされ、病気になって寝込んでしまったのである。」と述べ、その時のショックを正直に表現しています。

　そして「私は幼いころ、ミンナと私の間に起ったすべてのことを、そして私たちの甘美な夢想と大がかりな計画のすべてを、絶えず記憶に呼び起こした。この計画を実行する可能性が今、目の

前に輝かしく開けたところだったのだ。しかし、ミンナが加わらないというのに、一体どうしてその実行など考えられよう？　次に私は、なぜペテルスブルグに行くまえに求婚しておかなかったのかと、自分自身を激しく責めた。……」と、悔やしい気持ちを激烈な言葉で吐露しています。

　シュリーマンが、トロイアやミュケーナイでの発掘の際に様々な妨害を受けたり、発掘の目的を誤解されたりしたことについても、この本の編者は、シュリーマンの著書や数万通の手紙、多数の日記からなる彼の遺稿を参照して、真実を伝えようと努めています。

　シュリーマンは、考古学を共有しながらも最初は、発掘の仕事だけに従事したために、欠陥の多かった彼の発掘技術に対する考古学者の批判を始め、文献学者や歴史家も戦列に加わり、彼の発掘の成果を認識した人は少数にすぎなかったようです。このことについて、この本の編者、エルンスト・マイヤーは、「後記」の中で次のように書いています。

「彼は破片、すなわち芸術的、日常的な陶器の断片を、時代決定のための最も信頼すべき資料と考えたために、生前にはさんざん嘲笑された。しかし世紀の変わり目以後、それはいたるところで発掘地の年代を知るのにどうしても必要な前提と認められている。考古学は徐々に変化し、目標をさらに遠くに定めて、シュリーマンの歴史的な問題提起をわがものとし、それによって彼に対する理解をさらに深めた。……70年以上の年月をへだてた今、考古学の目には彼の生涯の偉大な業績のみがうつり、彼のやりかたの欠陥はその前に色あせてしまっている。」

　『古代への情熱』（ハインリッヒ・シュリーマン）は、私にとっ

て語学習得の指南書であり、また人生の生き方についてもいろいろなことを教えてくれた本でした。今読み直してみても、内容の濃さは言うまでもなく、シュリーマンは、少年時代の純粋な心と情熱をいつまでも持ち続けた、稀な人物であったように思われます。何の地位も名誉もなく、貧困であり続けた彼が、苦労に苦労を重ねて、やがて商人として成功し、稼いで儲けた財産を使って、少年時代から抱き続けた夢を実現するために、ギリシアの古代遺跡の発掘に挑み、数々の、燦然と輝く偉業を成し遂げたのですから。

　王族や国家等の資金に頼ることなく、考古学者等に嘲笑されながらも真摯にひたむきに自力で突き進んで行った彼は、財宝を掘り当てることだけを目的とせず、考古学の未来のために貢献したいという想いが常にあったと述べています。実際彼は、1876年、ギリシア国王ゲオルギオス陛下に電報で、「非常な喜びをもって陛下にお知らせ申し上げます。……私は墳墓の中に、純金の古代遺物から成る莫大な財宝を見つけ出しました。……私はそれを心からの喜びをもって、そっくりそのままギリシアにお贈りいたします。これらの財宝が莫大な国富の礎石となりますよう。」と伝えています。

　壮年期に出遭った本の中で、大変面白く、また栄養学の基礎を学ぶことができた『日本人の栄養学講座　食べ物さん、ありがとう』（川島四郎・サトウサンペイ）という本を再読してみました。この本は、先生＝川島四郎、生徒＝サトウサンペイの2人による対談形式で話が展開されています。私は、当時40代に入って間もないころ、ブック・ハント中に本屋でこの本を見つけ、購入しま

した。食生活に役に立つ情報が満載されていて、私はこの本の内容に感銘し、知人に会うたびに読むことを薦めたことを記憶しております。随所にサトウサンペイ氏が描いたイメージ画像（漫画）が載っていて、一見軽い本の印象がありますが、内容は栄養学の知恵や知識が川島四郎氏という「日本人のための栄養学研究の泰斗」によってユーモアたっぷりに語られています。

　川島氏は、東京帝国大学の法学部に入ることを断って、農学部の農芸化学に入学したそうですが、その時の主任教授が、ビタミンＢ１発見者の鈴木梅太郎博士であったとのことです。また当時東大にはドイツの有名な栄養学者ロイブ博士がいて、この教授の机の上には白い粉の入ったビンがおいてあり、毎日コーヒーを飲むとき、その粉を入れて飲んでいたそうです。その粉の正体は炭酸カルシウムで、その訳を尋ねると、「日本は火山国だから土壌にカルシウムが少ない。特に補給しないと、骨も、歯も、神経もやられてしまうからね」と答えられたそうです。

　母乳についての話も大変興味深いです。乳という言葉は、大昔は「ち（血）」と言っていたそうですが、赤ちゃんは言葉を重ねて言うので、「ち（血）」が「ちち（血血）」＝乳になったそうです。この白い乳は、母親の血液からできると言い、次のように話しています。「赤ちゃんが、お母さんの乳房にたまった満タンのお乳を吸い尽くした後も、まだ一生懸命に乳首を吸っていることがあるでしょう。するとね、お母さんの全身の血液が乳房に集まってきて、それが一分足らずのうちに白い乳になるのです。実験室で血液を乳に変えようとすると、いろいろな化学処理が必要で何十時間もかかるんですがね。人間の乳房は実に微妙で不思議なものです。」

　カルシウム教と言われるようになった川島氏は、徹底してカルシウムの研究に打ち込んだそうです。日本は火山国のため、日本の国土にはカルシウムが殆どないので、日本人は宿命的にどうしてもカルシウム不足になると言っている川島氏の話には説得力があります。ヨーロッパの大地は、昔海の底にあったのが、せり上がってできたもので、「私は、スイスのアルプスに行ってユングフラウに登ったことがありますが、断崖を見ると、貝の化石が見つかるんです」と述べています。

「サラブレッドという競走馬がいるでしょ。あれはイギリスの草を食べて育つから、骨が細くても硬く、弾力性に富んでいます。だからあんなに軽やかに速く走れるんです。あれを日本に連れて来ても、日本の草を食わせていると体の重い駄馬になってしまいますよ。」と述べ、カルシウムが骨や歯を丈夫にするだけでなく、気持ちのイライラを鎮め、精神を穏やかにする等の作用があることをいろいろな例を挙げて説明しています。

　また、赤い血を作るのに欠かせないのが青野菜で、赤いのが動物の血、青いのが植物の血だと言い、赤い血が流れている生き物はみんな青野菜を食べなければならないと述べ、肉食動物のライオンが実際にシマウマを叩き殺して、内臓を引っ張り出して、緑色をした腸にかぶりつくのを、アフリカの人草原を移動中に目撃したことについて話し、「オオカミやライオンが襲う相手は、必ず草食動物でしょ。あれは腸に残っている青い草をねらっているのです。」と述べています。

　川島氏は、戦前から「赤い血を持っている動物は青い野菜を食べなければ生きていけない」と言っていたそうです。「ところが、当時の学者の考え方はそうではなかった。例えば、肉食動物は草

食動物の肉を食べているから、大丈夫なのだ、というていどであった。……戦後、イギリスの女流動物学者が撮ったフィルムにライオンがしま馬を襲ったあと、その腹の中の半消化の青草にむしゃぶりつく場面が写っていた。その発表を聞かれたとき、先生は、あの狭い研究室で踊り上がって『バンザイ！』を叫ばれたという。そうして先生ご自身も、のち、それを目撃されたのは本文のとおりである。」と、サトウサンペイ氏が、この本のまえがきで述べています。

『食べ物さん、ありがとう』という本を贈呈してもらった、ある大学の教授が、「何だ！　漫画が描いてあるんじゃ、つまらない本だろう」と放っておいたそうですが、ちょっとしたことをきっかけに、この本を読み始め、書かれている内容に引き込まれて、一気に読み、感動したそうです。そして、この本を数百冊買って知人等に贈呈したというエピソードを聞きました。

　私もこの『食べ物さん、ありがとう』という本に「ありがとう」とお礼を言いたいほど感動しました。この本を通して栄養学の知識を始め、食生活の知恵や知識をいろいろ学ぶことができました。この本はベストセラーになり、続編、続々編も出版されました。また、『まちがい栄養学』（川島四郎）なども日本人の食生活に警鐘を鳴らしております。

第 7 章

孤独について

「人間は、生まれて来る時も独りで生まれ、死ぬときも独りで逝くのですから、元来人間は孤独な生き物ではないでしょうか。」という意見を聞いたことがあります。また「人は独りじゃ生きられない。家族を始め、様々な人間関係の中でしか生きられないのだから、けっして孤独になってはいけませんよ。孤独地獄って言うでしょ。」という意見も聞いたことがありますが、一体どちらが本当なのでしょうか。

　私は、どちらも本当ではないかと思います。家族や友人に囲まれて生きている時でも孤独を感じる人がいると思いますが、そのような場合は耐えられないほどの孤独に苦悶することは少ないのではないでしょうか。やがて老いていく中で、いつかは本格的な孤独が訪れるのかも知れません。私は孤独に親しみ、孤独を楽しむことができるようになりたいと思っています。

　『孤独を生ききる』（瀬戸内寂聴）という本に出遭ったのは、65歳のころでした。この本の著者は、「はじめに」の中で次のように書いています。

「人間は生れて死ぬまで孤独な動物だというのが、七十年生きてきた私のゆるがない感想です。孤独でないと思っている時は、自分の孤独に気がついていないか、気がつくのが怖いので本能的に目をそらしているか、あるいはそれを認めればお終いという絶望感から逃げるために、友情、恋愛、夫婦愛などにとりすがっているだけだと思います。……私はいつの頃からか孤独を自分流に飼いならして、今では切っても切れない伴侶として、むしろ頼もしく思っています。……」

　私は、単身赴任を始め、仕事の関係で妻子と離れ離れの生活が多かったように思います。28歳で結婚し、その後1年も経たないうちに離婚の危機が訪れたのですが、その時のことを書いた私の手記が、雑誌『月刊 九州時代』の6月号（1983年）に掲載されました。九州文学同人の原田種夫氏が編集人となり、財界九州社により発行された雑誌第2号の「心のとびら」欄は、「離婚の危機を乗り越えた夫婦」と題する私の手記でした。その記事をここに書き写しておきたいと思います。

　今を去る七年前にさかのぼるある夫婦の物語である。二人共高等学校の教師をしていた。縁あって結婚はしたものの、全く折り合いが悪く、殆ど口もきかない状態が1年近くも続いた。その間、夫は妻の方から再三に渡って離婚を迫られたあげく、遂に離婚届に押印した。その後しばらくして妻は自ら遠く離れた学校へ転任を希望し、赴任していった。夫は家庭では本を読んだり散歩したりするくらいで、家事のことは一切しないタイプであった。幼い頃は祖母に育てられ、学生時代は母親が何でもしてくれた。炊事、洗濯、掃除、そんなものは女のするものと全く気にもとめなかった。妻は結婚後最初の3か月余りは慣れぬ手つきで懸命に食事の用意を始め、何やかやと夫の世話をした。

　しかしそのようなことは元来妻の身についたものではなかったために、すっかり疲れ果て、面倒になり、一切をボイコットしてしまった。「私はあなたの女房でもなければ、妻でもない」と強硬に言い張り、ついには同じ家の中で自分の部屋を決め、鍵をかけて夫の出入りをシャットアウトしてしまった。
「子供は絶対に産まない。子供なんて欲しくない。私はやりたい

ことがあるの。自分のことは自分でしなさい。洗濯物だけはやってあげるわ。どうせ機械がするんですから。」「私達は夫婦じゃないのよ。同居人と呼ぶことにするわ。たまたま一緒の家に住んでいるだけよ。」

　妻は口頭では言葉にならないためか、矢継ぎ早に手紙を認めては夫を攻撃し続けた。また時々ふいに家をあけては何日も帰らないことがあった。ふと寂しくなって海を見に行ってきたというのであった。こんなことは一回きりであったが、妻が帰ったあとを追うようにして、ある知らない男から手紙が届いた時、中味を見た夫は疑心暗鬼になり、妻を疑い始めた。

　夫は教師になるのが遅れたこともあって、妻の給料の方が多額であった。別れても妻の生活に不安はなかった。このようにして遂に結婚生活は暗礁に乗り上げ、破局を迎えるに至ったのである。夫婦共に一家和楽という家庭の幸福を夢見ていたこともあり、離婚ということは大変な苦痛であった。

　夫は何度も妻を説得しようと努めたが、何の効果もなかった。それどころか、「あなたは口先だけで行動が伴わないから大嫌いよ」というきつい反応が返ってくるのであった。夫は真剣に悩んだ。何度か思い余って手をあげたこともあったが、自分を見つめ直していくうちに、自分の傲慢さと身勝手さに少しずつ気がついていった。

　考えてみれば、共働きなのに何故妻だけが炊事、洗濯、掃除を始め、家事万般をやらなければならないのか。「あなたは自分を何様だと思っているの」という妻の痛烈な一言が、脳裡によみがえってきては夫を責め続けた。妻の言うことは理にかなっている。夫の行動は一切が甘えと期待に支配されているのではないか。日

本的家長制の名残を妻に押しつけているのではないか。

　夫は自分も何かをしなくてはならないという思いを抱くように
なり、離婚届に押印した後、家事の一端を手伝わなければという
思いに駆られるようになった。また妻の言うことをよく聞いてあ
げなければという考えが心の内に湧いてきたのであった。自分が
正しいと思い込み、妻が悪い、とんでもない女だと批判ばかりし
ていたのが、逆に自分のとってきた行動こそ偏狭で押しつけがま
しい、一方的なものではなかったかと思い始めたのである。

　妻が家出をした時、妻は不貞を働いているのではないかとの疑
いが夫の胸をかきむしるのであった。そんな時きまって読んだの
が古賢の書き残した次の文章であった。

「我等衆生三界二十五有のちまたに輪回せし事、鳥の林に移るが
如く、死しては生じ、生じては死し、車の場に回るが如く、始め
終りもなく、死し生ずる悪業深重の衆生なり。一一の衆生一劫の
中に積る所の身の骨は王舎城の毘富羅山の如く、飲む所の乳汁は
四海の水の如く、身より出す所の血は四海の水より多く、父母、
兄弟、妻子、眷属の命終に涕泣して出す所の目涙は四大海の水よ
り多し。地の草木を尽くして四寸の数取りと為して、以て父母を
数うるに亦尽くすこと能わじ云々」

　この一節に触れる時、生命の永遠なることを自覚でき、何か大
きな物に抱かれる気になった。何度も生まれては死に、死んでは
生まれと、生死を数え切れない程繰り返してきた中で、どれほど
多くの女性とめぐりあい、また男性と結ばれたことか。そうした
ことを想像してみるだけでも楽しく、また人間の一生の短さ、儚

さを実感すると同時に、大きな存在の中にすっぽり入ってしまい、救われたような気持になれるのであった。

　妻がもし自分の娘であったらと、ふと思ってみたりもした。そうすると妻を責めることをやめて何でも自由にさせてあげよう、決して文句を言わないで、ともかく妻を見守っていける自分になろうと、そんな思いが突き上げてくるのであった。このような思いに至るまでに様々な苦汁を味わい、辛酸をなめ、地を這いずり回るような地獄の境遇に苦悩することが幾度もあった。

　このように妻の一切を許し、自由を与えきっていくという思いに至り行動していくと、随分と距離を置いて妻を見ることができるようになった。すると却って自分の愚かしい感情や醜い行為などが意外とよく見えてきて、妻への思いやりが一段と強くなっていくのを知った。そのような思いが通じたのか、妻は保留していた離婚届を自分から破り捨ててしまったのである。それは結婚後ちょうど一年がすぎた頃の出来事であった。

「私も十分考え抜いたわ。悩み続けてきたわ。もう一度最初から出直して見ない。別居生活を通して、距離を置いてあなたのことをよくみてみたいの」と、妻はこう言って、手記の冒頭部分で述べたように、人事異動で決まった、車で４時間半余りかかる勤務地へ赴任していった。

　その後夫は、土曜日になると、妻のもとへ飛ぶようにして車で出かけていった。殆ど一度も欠かさず、毎週妻の住居を訪れたのであった。離婚を迫られ、別居を余儀なくされ、妻でも女房でもないと主張する女のもとへ、懸命に思いやりを運んで絆をつなぎとめようとしたのであった。

　経済的に自立した二人にとって、別れることなど何でもなかっ

た。しかも慰謝料も要求しない女房との離婚話である。しかし夫はあくまでも破局を乗り越えたかった。うまくいかないが故にこそ何としてでも活路を見出したかった。そのためには何でもすると心の中で固く誓っていた。

　結婚生活とは、思いやりの相互交換の場であってこそうまくいくとしみじみ思う。やがて二人の絆は少しずつ確かなものになっていった。時々ぎくしゃくした関係がその後も三年余り続いたが、遂には子どもまで産まれた。子どもを産むことを頑ななまでに拒み続けていた妻が大きなお腹をかかえて歩いていた時ほど何とも面映ゆく感じたことはなかったと語っていた。

　結婚して七年の歳月が流れた今もまだ時折不安定な気流に突入しては口もきかないことがあるという。しかし、いとも簡単に離婚が行われている昨今の時代風潮の中で、忍耐と努力を続け、人間的成長を遂げながら離婚の危機を乗り越えてきた二人の生き様は、何か大切なものを問いかけているような気がするのである。

　　　　　　　　　　　　　　　（月刊『九州時代』６月号）

　上記の文章は、私が30代に書いた手記ですが、若干訂正しました。このような体験は、「何と愚かな」と思う人もいるでしょうが、私にとっては人生における貴重な体験の一つと言えます。『徳川家康』（山岡荘八）という長編小説を書くに当たって、山岡氏は、「第一巻あとがき」で次のように述べています。

　これはおそらく私一人の希いではなくて、多かれ少なかれ現代に生きる人々の関心事であろう。いや、現代だけではなく、過去のあらゆる時代を貫く関心事でもあった。戦いのない世界を作るた

めにはまず文明が改められなくてはならず、文明が改められるには、その背骨となるべき哲学の誕生がなければならない。新しい哲学によって人間革命がなしとげられ、その革命された人間によって社会や政治や経済が、改められたときにはじめて原子科学は「平和」な次代の人類の文化財に変わってゆく――そう夢想する作者が「徳川家康」に仮託して、人間革命の可能の限界を描こうとして気負っているというのがこの小説の裏の打ち明け話である。

　上記の山岡荘八氏（本名　藤野庄蔵）の「第一巻あとがき」が書かれた日付は、昭和28年9月24日です。昭和20年8月に敗戦を受け入れた日本が、GHQ（連合国総司令部）の占領政策の下に置かれていた昭和27年4月28日までの6年8か月余りの期間が終わって、独立への第一歩を踏み出してから、1年数か月後に書かれたこの「第一巻あとがき」の中に見える一節、「新しい哲学によって人間革命がなしとげられ、……」という文章に私は深く感銘を受けたことを覚えております。

　私の手記の内容は、その根底に「人間革命」という思想が脈打っております。私は、『徳川家康』（山岡荘八）全26巻を、「人間革命の可能の限界」に挑戦しようとする人間の苦悩、奮闘が描かれていることを常に念頭に置いて通読しました。また、19歳の頃に初めて読んで感動した『三国志』（吉川英治）は、これまで10回以上通読しましたが、この本もまた人間の考察における吉川氏の卓越した思想が反映されており、面白くもあり、その上多くの教訓を学ぶことができました。

　『孤独を生ききる』（瀬戸内寂聴）の最後の章が、「第十三夜　孤

独を生ききる」です。著者はこの章で、ロシアの文豪トルストイを始め、ボーヴォワールやサルトルの晩年について述べています。「トルストイは、妻のヒステリーから逃れたくて、家出を始終企てていました。娘アレクサンドラと医者をつれて遂に家出を決行し、その放浪の旅の途中病気になり、鉄道の小駅アスターポヴァの駅長官舎で死亡しています。1910年11月20日、82歳でした。大文豪の死として悲惨な死に様でした。」

「あの世界の思想の指導者、実存主義とアンガージュマンを文学運動の核に据えた知的なサルトル、ノーベル賞をあっさり断ったあのサルトルでさえ、老化現象には勝つことが出来なかったのです。老人のかかる大方の病気に苦しみ、その都度、老醜を身に加えていくサルトルの晩年の姿はたまらない気がします。……」

　ボーヴォワールは、サルトルの死後、「尚６年生きて、サルトルの後を追いました。サルトルの死後３年ほどはサルトルの死がこたえてすっかり病人になっていました。」

　私は、『第二の性』（ボーヴォワール）を高校生の頃、辞書を片手に苦心惨憺しながら読んだ記憶があります。日本語訳で読んだにもかかわらず、文章の意味が理解できず、頭が砕けるような思いで読み続けたことを覚えています。また英文雑誌『NEWSWEEK』や『TIME』などを、英和辞典をひきまくって読み続けていた時も、同じように脳が砕けるような感覚を味わいました。

　瀬戸内氏は、「孤独を飼いならす」という表現を使っていますが、とても強い意志が感じられる言葉です。私はせいぜい「孤独に親しむ」ことはできても、「孤独を飼いならす」レベルにまでは到達できないのではないかと思います。60代に入ってから離婚届に

署名し、家を出て、一人暮らしを始めた時、私は底の知れないほどの孤独を感じました。その時に出遭った本のひとつが、『孤独を生ききる』（瀬戸内寂聴）でした。「はじめに」の中で、「この本は、自分の孤独に気づき、それを受け入れ難く悩んでいる人たちと一緒に、話しあいたいという気持ちから書きました。お互いに孤独だからこそ、さあ、今、手をつなぎあいましょう。あなたの孤独が私の孤独に溶け込み、吸収されますように。」と書かれていました。

　今まで何度も一人暮らしを経験していましたので、私は「自分は孤独には強い」と思っていたのですが、離婚届に押印した後で別居して初めて何とも弱い自分を発見したのです。私は、これまでの一人暮らしは、「単身生活」であって、孤独とは無縁のものに近いことにやがて気がつきました。「孤独地獄」という言葉がありますが、これは一体どのような地獄でしょうか。「決して孤独地獄に落ちてはいけない」と何度か聴いたことがあります。「孤独地獄」とは、仏教用語のようで、大辞林によれば、「地獄の一。現世の山野・空中・樹下などに孤立して存在する地獄。孤地獄。」とのことです。『孤独地獄』（芥川龍之介）の末尾は次のように結ばれています。

　一日の大部分を書斎で暮してゐる自分は、生活の上から云つてこの大叔父やこの禅僧とは、全然没交渉な世界に住んでゐる人間である。又興味の上から云つても、自分は徳川時代の戯作や浮世絵に、特殊な興味を持つてゐる者ではない。しかも自分の中にある或心もちは、動もすれば孤独地獄と云ふ語を介して、自分の同情を彼等の生活に注がうとする。が、自分はそれを否まうとは思

はない。何故と云へば、或意味で自分も亦、孤独地獄に苦しめられてゐる一人だからである。

　芥川龍之介は、この作品を書いてから11年後に服毒自殺をしています。1927年（昭和2年）7月、35歳の時です。神経衰弱を始め、様々な病魔（胃痙攣、腸カタル、心悸昂進など）に心身を蝕まれていたようです。自殺の前年、大正15年（1926年）10月発表の短編『点鬼簿』では、「僕の母は狂人だった」という痛切な告白をするに至り、不眠に悩み、強度の神経衰弱も悪化の一途をたどり、幻視、幻聴などにも苦しめられていたようです。

『蜘蛛の糸・杜子春』（芥川龍之介）という本の巻末に掲載されている、三好行雄氏が執筆された「芥川龍之介　人と文学」の中に次のような文章があります。「芥川龍之介の晩年の悲劇は、固有の芸術至上主義の動揺、瓦解とともにはじまる。大正九年から十一年を過渡期として、龍之介は自己の文学観、人生観の訂正を強いられ、〈炉辺の幸福〉＝日常性の意味を問うべき重い主題としてひき受けてゆく。マルキシズムの擡頭など時代の動向にもうながされて、現実とのいやおうない対決を強いられたのである。技巧の美学も、もはや無力であった。……」

　深刻な病魔に侵された状態で、またなすべきことにも破綻をきたしてしまったような状況では、どんな言葉も虚しく響きそうです。何より心が病むことほど恐ろしいことはありません。複雑な事情が重なっており、龍之介が自殺を選んだ心情を理解することは、簡単ではないと思います。幾つかの状況証拠から「絶望し、心が折れてしまった」と判断することが正しいかどうか、はっきりとは分かりません。

私は「孤独について」と題して、この章を書いていますが、「孤独」は本当に恐ろしいものなのかも知れません。いくら努力しても容易に親しめるようなものではないのかも知れません。私自身は、「やっとどうにか一人暮らしには慣れた」とは言えそうです。30代に書かされた離婚届は、妻が破り捨てたのですが、60代で書かされた押印済の離婚届は役所に提出することなく、今も妻が保管しているようです。

　私の家族は、私を含めて３人ですが、現在各自別々の家に住んで一人暮らしをしており、家族の誕生日などに、年数回合流して食事をしています。60代に入ってからは、妻と私は、何度か国内旅行や海外旅行を楽しみました。妻はマラソンが生き甲斐の一つのようで、今まで数多くの国内外のマラソン大会に参加してきました。昨年（2018）４月には米国の準州グアムで開催されたマラソン大会に出場し、私はサポーターとして同行しました。

　この章を終えるに当たって、「孤独に親しむ」というよりは、むしろ「孤独を楽しむ」ゲームが学べるかもしれない本、『少女パレアナ』（エレナ・ポーター）について書いてみたいと思います。この本は、アメリカの児童文学作家であったエレナ・ホグマン・ポーターによって書かれた小説です。主人公であるパレアナが、生前父親から「何でも喜ぶ」ゲームを教えられ、その遊びを通して気難しい叔母を始め、大勢の人々の頑な心を溶かして行くのですが、その痛快さに心が洗われるとともに、涙しながら読んだことを私は覚えております。

　ウェブスター辞典には、「Pollyanna」（パレアナ）という普通名詞が掲載されており、「エレナ・ポーターという作家の有名な作品『少女パレアナ』から作られた名詞で、喜びを意味する」と

書いてあるそうです。私の手元にある「ジーニアス英和辞典」にもこの単語が載っていました。この小説はアメリカ全土の人気を集め、すさまじい売れ行きを示したそうです。

　アメリカの至る所で、喜びの遊びをする『少女パレアナ』は話題の中心となり、ニューヨーク・リパブリック紙は、「ポーター夫人のペンは、強い希望と美しい感情をたたえ、社会のあらゆる階層の人々の心を打つ」と激賞したそうです。またボストンのトランスクリプト新聞は、「ペンデングスヴィルの小さな町を、喜びの遊びで明るくした『少女パレアナ』は、やがて成長してその活動範囲をボストンにまで及ぼした」と書いているそうです。私は、壮年時代にこの本を読み、心から感動しました。

　70代の今再読してみましたが、以前に読んだ時と同様に「素晴らしい本」だと思いました。人形を欲しがったパレアナの願いを叶えようと、父親が教会本部へその旨を依頼したところ、届いた慰問箱からは、人形ではなく松葉杖が入っており、係りの人からの手紙には、人形がないので杖を送ると書いてありました。それを悲しんでいたパレアナに父親は「どんなことでも喜ぶ」遊びを教えました。

　パレアナの父親は牧師で、聖書に出てくる「主にありて喜べ」、「大いに喜べ」、「喜びて歌え」のような言葉を、父親が特別に嫌な気持ちの時に数えたら、聖書の中に八百も見つかり、その八百に「喜びの句」という名を付けたそうです。その時父親は、「何でも喜ぶゲーム」を思いついて、パレアナと一緒にその遊びを始めました。八百の喜びの句の中の一つは、「ただしき者よ、エホバを喜び楽しめ、すべての直き者よ、喜びよばうべし」という句でした。ある日、ある牧師が、全ての面で悪くなるばかりの教会

の常態に心を痛めて、次の日曜日に恐ろしい宣告の説教を準備していました。

「偽善な律法学者、パリサイ人たちよ。あなたがたは、わざわいである。あなたがたは、天国を閉ざして人々をはいらせない。自分もはいらないし、はいろうとする人をはいらせもしない。……偽善な律法学者、パリサイ人たちよ。あなたがたは、わざわいである。あなたがたは、やもめたちの家を食い倒し、見栄のために長い祈りをする。だから、もっときびしいさばきを受けるにちがいない。……」

　その悩める牧師にパレアナは偶然出遭い、「何でも喜ぶゲーム」の話と父親の「喜びの句」などについて語ります。「……牧師でうれしいのかどうか聞きました。……お父さんは、うれしいといつでも言ってましたけど、たいていそのあとで、聖書に喜びの句がなかったら、一分だって牧師なんかしていられないって言いました」などと、父親の思い出を話しました。パレアナと別れた牧師は、その夕方、書斎で椅子に座って考え込み、やがて上記の説教を書いた紙を破り捨てました。その牧師の、日曜日の説教は、「聞くところの男女子供たちのすべての中にひそむ最高の良心へのラッパの呼び声でありました。そして説教のテキストとして選んだ句はパレアナの八百の喜びの句の一つでした」。

「ただしき者よ、エホバを喜び楽しめ、すべての直き者よ、喜びよばうべし」

「何でも喜ぶ遊び」について数例を挙げると、松葉杖の場合は、「杖を使わなくてもすむから嬉しい」、鏡がないときは、「自分のそばかすだらけの顔を見なくてもいいから嬉しい」、病気で寝た

きりの婦人には「あたしね、考えましたの——おばさんは、ほかの人たちがおばさんみたいでないことを——どんなにか喜びなさることだろうと、思いました——こんなにいつでも弱いので、寝たきりじゃたいへんですものね」などですが、難問にぶつかり、どうしても「何でも喜ぶ」ゲームができないこともしばしばありました。

　この本は、筋書きにも様々な工夫が凝らされていますので、実際に読んでみないと、本当の面白さは、分からないのではないかと思います。一読をお勧めします。私は、この本を再読しながら、「孤独を喜ぶ」ゲームについて考えてみました。「誰の干渉も受けずに自由であるから嬉しい」、「何でも自分で決められるから嬉しい」、「すきな時にすきなことができるから嬉しい」、「静かに思索できるから嬉しい」など、孤独を喜べることは沢山あるようです。

第 **8** 章

死んで生きる

私は、30代の頃、仕事（広報）のために、主に福岡県のマスコミ各社の総局長や報道部長、著名な学者文化人などを訪ねる時、いつも死んだつもりで会いに行ったものです。政治や経済についての知識を始め、世の中全般についての知識に乏しく、相手の話についていけず、何度も恥ずかしい思いをしました。その頃、佐賀鍋島藩士山本常朝が武士としての心得を口述させたと言われる「葉隠」の思想に傾倒しており、「武士道と云うは死ぬ事と見つけたり」という言葉について深く考えることもなく「武士はいつでも死を覚悟していた」という程度の理解のもと、「死ぬ覚悟があれば何も怖くないはずだ」という思いで、数多くの知識人に会いに行きました。

　いろいろな方々との出会いの中で経験した沢山の思い出がありますが、一つだけ書き記しておきたいと思います。私はその方が書かれた著書の1冊を直接手渡しで贈呈頂き、一読し、感動したのでした。それは『どん底のたたかい―わたしの満鉄時代―』（具島兼三郎）という本です。

　その本の「序」の冒頭部分は次のように始まります。

　戦争中の思い出は苦痛にみちている。といってもわたしは戦場にいたわけではない。獄中にいたのである。それも一ヵ月や二ヵ月ではない。三年の長きにわたってである。わたしが満鉄調査部にはいったのは日中戦争勃発後間もなくであったが、仕事の関係で軍と接触する機会の多かったわたしは、その頃軍が推進しようとしていた日独伊三国軍事同盟に対して、最初から大きな危惧を抱いていた。そこでわたしは口を極めて三国同盟の不可なる所以を説き、反対の論陣を張った。その後独ソ戦争が勃発すると、そ

の見通しの問題についても、満鉄調査部の研究を代表していたわたしの意見は、陸軍参謀本部のそれと鋭く対立した。同じことは日中戦争の見通しの問題についてもおこった。こんなことが次から次へと積みかさなって、わたしは軍の逆鱗にふれ、「好ましからざる人物」として関東軍憲兵隊に逮捕され、そのまま投獄されてしまったわけである。

　この本の「序」が書かれたのは、著者が長崎大学学長時代であり、「序」の最後に「一九八〇年四月十七日　長崎大学の学長室にて」とあります。私が具島氏のご自宅を訪問していた頃の肩書は、九州大学名誉教授でした。当時の国際問題について熱く語られる具島先生の話にその都度感銘したことを覚えています。特に中国に関する話が多かったように思います。白髪の清楚な奥様がお茶を持ってこられたことも忘れられない思い出の一つです。
　この本に書かれている監獄の体験は、いずれも聞きしに勝る命懸けの出来事ですが、そのような劣悪な環境で著者が生きる希望を見つけた時の話の一つを引用してみます。

　わたしは弱って行く自分の気持をなんとかして建てなおそうと、懸命の努力を続けた。こうしてわたしが苦しい戦いを続けていたある日のことである。わたしは監房の白壁の上に書きなぐられたたくさんの落書きのなかに、意外な文字を発見した。そこには爪さきで次のような文字が刻まれていたからである。
「抗日到底」「打倒日本帝国主義」「監獄是革命的休息所」
　わたしの眼は吸い寄せられるようにその落書きの跡を追うた。わたしの血潮は急に血管のなかで波立ちはじめ、わたしの頬は紅

潮し、しなびかけていたからだは活力をとり戻し、弱りかけていた精神は建てなおった。誰が書いたのか、もとより知る由もない。しかし、当時日本の関東軍が満州の地下工作を指導していた中国国民党や中国共産党の党員狩りに血眼になっていたことを思えば、その網にひっかかった不幸なこれら党員中の誰かが書いたことだけは間違いなかった。……わたしは恐らくは自分と同じところに坐っていたであろうその革命家の逞しい闘志に触れると、自分自身の弱弱しい気持が恥かしくなった。それ以来というものは、生活が堪えがたくなったり、気持が滅入ったりしたときには、いつもこの未知の革命家のことを思って、自分自身を励ましていた。

　私はこの文章を読んだ時、強烈な感動を覚えました。私自身も無血革命に燃え立った青年期の熱い思い出を持っていたからです。「監獄は、革命家の休息所である」と思える心境は、革命に命を捧げた人の覚悟から生じるものに違いありません。その文字に触れて、「精神を建てなおした」具島氏も素晴らしいと思いました。

　第二次世界大戦という戦争の進展とともに、具島氏の論文の正しさが証明されていきました。イタリアが降伏し、負けるはずがないと思われていたヒトラーのドイツもスターリングラードにおいて大敗を喫し、一時的にドイツが勝つ戦いもありましたが、やがて敗退に敗退を続け、1945年5月7日に無条件降伏を受け入れました。「日本は同盟国を失って、孤立無援の状態に追い込まれ、揚句の果てにはソ連とも開戦の余儀なきに至った」と具島氏は書いています。

　私は「死んで生きる」という題のもと、死そのものや死の影を彷彿させる記述がみえる本をとりあげて、それらの本の内容の一

端に触れてみたいと思い、最初に具島氏の『どん底の戦い』について書きましたが、次に『海と毒薬』（遠藤周作）について私の考えを述べてみたいと思います。

　戦争末期に九州帝国大学附属病院で実際に行われた「生きたままの人間の解剖」について書かれた『海と毒薬』（遠藤周作）は、1958年文藝春秋新社より刊行されましたが、この本は「神を持たない日本人の良心のよりどころは何であるか」を問いかけていると「解説」で述べられています。

　私は『海と毒薬』を読みながら、この本の題名について考えてみましたが、どうしても解題できませんでした。第一章「海と毒薬」の中に次のような文章がありました。

　頭が痺れるような気持がしたので屋上にのぼった。眼下にはF市の街が灰色の大きな獣のように蹲っている。その街のむこうに海が見えた。海の色は非常に碧く、遠く、眼にしみるようだった。

　これは、著書の語り手がF市（福岡市）に行った際、九州大学の第一外科病棟を訪れた時のことを述べたと思われる文章の一部ですが、もう1か所、海が出てくる文章が見つかりました。

　医学部の西には海がみえる。屋上にでるたびに彼は時にはくるしいほど碧く光り、時には陰鬱に黝ずんだ海を眺める。すると勝呂は戦争のことも、あの大部屋のことも、毎日の空腹感も少しは忘れられるような気がする。海のさまざまな色はなぜか、彼に色々な空想を与えた。……

「海」という言葉をさらにもう一つ見つけましたが、「毒」という言葉は見つかりませんでした。次に戦争末期の敗戦間近の状況について、この本の中に書かれている文章を二か所挙げてみます。

　本当にみんなが死んでいく世の中だった。病院で息を引きとらぬ者は、夜ごとの空襲で死んでいく。…… 人々が死のうが、死ぬまいが、気にかける者もなくなった。

「患者を殺すなんて厳粛なことやないよ。医者の世界は昔からそんなものや。それで進歩したんやろ。それに今は街でもごろごろ空襲で死んでいくから誰ももう人が死ぬぐらい驚かんのや。おばはんなぞ、空襲でなくなるより、病院で殺された方が意味があるやないか」

『海と毒薬』という題は、本の語り手が「海の様々な色を見て、いろいろな空想を与えられた」ことから付けられたのでしょうか。読者の想像や空想を掻き立てるような本の名称だと私は思いましたが、解題は諦めました。
　この事件は、1945年5月、九州方面を爆撃するために飛来したB-29が、撃墜され、生き残って捕虜とされた9名の中の8名に対して行われた人体実験でした。1名は機長で、命令により東京へ移送されたそうです。
　8名の捕虜の処遇に困った西部軍司令部は、裁判をせずに死刑とすることにしたそうですが、九州帝国大学卒の軍医の「生体解剖に供する」提案が軍に認められ、九州帝国大学へ引き渡されたそうです。

　1950年代末期に遠藤周作氏によって、小説の形で書かれたこの衝撃的な事件は、現在では『九州大学生体解剖事件　七〇年目の真実』（熊野以素）のような本等が出版され、多くの人が知ることになったのではないかと思います。

　戦後、直ちにGHQがこの事件についての詳細な調査を行い、九州大学関係者14人、西部軍関係者11人が逮捕され、横浜軍事法廷で1948年８月、絞首刑や有罪の判決が下されたとのことです。朝鮮戦争勃発後、獄中自殺した１名を除き、恩赦によって減刑され、判決を受けた関係者の多くが釈放されたそうですが、戦争が人間を狂気の世界に閉じ込めることが偲ばれる事件の一つとして銘記したいと思います。

　生きることは、常に死と隣り合わせであるように私には思われます。人が100歳まで生きたとしても、僅か36,525日余りを生き長らえたに過ぎません。宇宙的視座からするとほんの一瞬です。ところで、三島由紀夫氏は、なぜ自決したのでしょうか。彼は1925年１月に生まれ、1945年敗戦を経験し、1970年11月25日、45歳で自ら命を絶っています。優れた作品を次々と発表し、彼の殆どの作品は英訳され、1965年頃にはノーベル文学賞候補に上げられたと聞いたことがあります。

　1968年に講談社から刊行された『太陽と鉄』（三島由紀夫）は、以前一度読んだことがあるのですが、内容はすっかり忘れてしまいました。その中に、自決に至った理由の片鱗が把握できるかも知れないと思い、再読してみました。至る所に「死」を匂わせるような表現に出会いました。気になった文章を幾つか挙げてみたいと思います。

シニシズムは必ず、薄弱な筋肉か過剰な脂肪に関係があり、英雄主義と強大なニヒリズムは、鍛えられた筋肉と関係があるのだ。なぜなら英雄主義とは、畢竟するに、肉体の原理であり、又、肉体の強壮と死の破壊とのコントラストに帰するからであった。

　死と危機と世界崩壊に対する日常的な想像力が、義務に転化する瞬間ほど、まばゆい瞬間はどこにもあるまい。そのためには、しかし、肉体と力と戦いの意志と戦いの技術が養われねばならず、その養成を、むかし想像力を養ったのと同じ手口でやればよかった。それというのも、想像力も剣も、死への親近が養う技術である点では同じだったからである。しかも、この二つのものは、共に鋭くなればなるほど、自分を滅ぼす方向へ向うような技術なのであった。

　すべてが回収可能だという理論が私の裡に生れていた。時と共に刻々と成長し、又、刻々と衰えるところの、「時」に閉じ込められた囚人である筈の肉体でさえ、回収可能であることが証明されたのだから、「時」そのものでさえ回収可能だという考えが生じてもふしぎはない。
　私にとって、時が回収可能だということは、直ちに、かつて遂げられなかった美しい死が可能になったということを意味していた。あまつさえ私はこの十年間に、力を学び、受苦を学び、戦いを学び、克己を学び、それらすべてを喜びを以て受け入れる勇気を学んでいた。

　もし私が大ぶりに腕を動かす。そのとたんに私は知的な血液の幾分かを失うのだ。もし私が打撃の寸前に少しでも考える。そのとたんに私の一打は失敗に終わるのだ。どこかでより高い原理があって、この統括と調整を企てていなければならぬ筈だった。

　私はその原理を死だと考えた。……地球は死に包まれている。空気のない上空には、はるか地上に、物理的条件に縛られて歩き回る人間を眺め下ろしながら、他ならぬその物理的条件によってここまでは気楽に昇れず、したがって物理的に人を死なすこときわめて稀な、純潔な死がひしめいている。人が素面で宇宙に接すればそれは死だ。宇宙に接してなお生きるためには、仮面をかぶらねばならない。酸素マスクというあの仮面を。

　この『太陽と鉄』（三島由紀夫）という本は、〈イカロス〉という長編詩で終わっています。

　　　　　私はそもそも天に属するのか？
　　　　　そうでなければ何故天は
　　　　　かくも絶えざる青の注視を私へ投げ
　　　　　私をいざない心もそらに
　　　　　もっと高くもっと高く
　　　　　人間的なものよりもはるか高みへ
　　　　　たえず私をおびき寄せる？
　　　　　　……
　　　　　私が私というものを信ぜず
　　　　　あるいは私が私というものを信じすぎ
　　　　　自分が何に属するかを性急に知りたがり

あるいはすべてを知ったと傲り
未知へ
あるいは既知へ
いずれも一点の青い表象へ
私が飛び翔とうとした罪の懲罰に？

　イカロスとは、「ギリシア神話上の名工ダイダロスの子。父の発明した翼で空中を飛んだが、高く飛び過ぎ、太陽の熱で翼の蝋が溶け海に落ちて死んだという。」と『広辞苑　第六版』に書かれています。

　佐伯彰一氏は、『潮騒』（三島由紀夫）の解説の中で、「三島由紀夫の年譜をながめてみると、その整然たる布置結構におどろかされる。1925年に生れて、1945年、二十歳にして敗戦に遭遇し、1970年、四十五にして自ら命を絶った。あたかも何者かの手で予め仕組まれた図表か幾何学模様のようにきっちりと割り切れている。あれほどの天分、才能をいだきながら、あまりに死をいそぎすぎたという嘆きは深いのだけれど、他面この整然として隙のない、あたかもフランス風人工庭園のプランさながらの数字の組合わせに接すると、一種不思議な完結感といったものに心打たれざるを得ない。宿命、天運といった言葉もおのずと浮んでくるのである。」と述べています。

　三島由紀夫（本名平岡公威）の自決については、様々な論評が存在しますが、彼は狂気と紙一重の天才であったように私には思

われます。多くの若者が特攻隊を志願し、死んでいった時代に、彼らと同年代の若者として青年期を過ごした彼の心情には、戦後の日本における、地上の人生が堕落しきった、頽廃したもののように見えたのではないかと推察されます。しかしながら、彼にはもっと違った生き方があったのではと、悔やまれてなりません。

　私は、「死んで生きる」と題して、この章を書いています。朝起きて、夜死ぬ。寝ることは死ぬことと考えれば、毎日「起きて寝て」の繰り返しは、「一日一生」という人生観に通底しています。私は65歳頃、「一日一生」という思想に目覚めました。日の出から日没までの一日は、太陽の「一日一生」であることを、私は23歳頃に感得しました。大卒後、大学院受験浪人中に、私はしばらくの間、父と一緒に仕事をしたことがあります。父は木造船の船長でしたが、55歳になった時に船を売り、アパート経営を始めました。そしてある会社に所属し、港湾埋め立て工事に従事する小舟の船長として働き始めました。その時、助手が1人必要だと言われ、私が父の仕事を手伝うことになりました。

　毎朝4時頃に起きて、5時頃家を出て港に向かいました。そして小舟に乗り、工事現場を目指して、50分余り海の上を波に揺られながら行くのです。天気の良い日は、いつも決まって水平線上に昇る荘厳な日の出の太陽を見ては、感動しました。真っ赤な太陽は、人間の「赤ちゃん」のように感じ、夕刻に沈む太陽は、死に赴く「白ちゃん」のように感じました。太陽が毎日「生と死」を演じていることを見て、不思議な感銘を受けたのでした。

　雨の日もあれば、嵐の日もありますが、どのような天気であれ、常に太陽は雲の上に輝いています。一方、地上から見る太陽は、

149

毎日「生と死」を繰り返しているように見えます。ここで「常住と無常」について少々考えてみたいと思います。太陽のような恒星も含めて、万物は有為転変する、諸行無常の存在ですが、私は、万物の生滅を司っている常住の存在があるのではないかと思い続けてきました。それは「宇宙生命」とでも呼べるようなもので、厳然と実在するものであるように私には思われます。

　第5章「生と死の考察」の中でも述べましたが、「人は死ねば一切が終わるのではない」という仮説を前提に私は生きています。そのような仮説が社会通念になるほどまでに定着すると、人の生き方は大きく変化すると思われます。一日の死、一生の死、そして来世の生と死を経て、再び今世へ誕生するといったように、永遠に無数の「生と死」が継続されるとしたら、現在の生死観は一変することでしょう。

　私がこの章を「死んで生きる」と題したのは、そのような生死観に基づいています。「一日一生」、「一期一会」などという言葉についての考察も、今世だけでの出来事ではなく、永遠の生死を踏まえて考えれば、随分と違うものになるでしょう。無常である現象世界を嘆き悲しむことはなくなります。無常観にかわって常住観が生まれ、全ての事物に関する考え方もまた劇的に変化すると思われます。

　私は「一日一生」という考え方に目覚めて以来、一日の過ごし方についての気構えが変わりました。日常茶飯の繰り返しが大切なことに思えるようにもなりました。それまでは、寝る前にシャワーを浴びるだけですませていたのですが、殆ど一日も欠かさずに風呂に入るようになりました。毎日、朝が新鮮に思えるようになりました。「朝生まれて、夜死んで」を繰り返す中で、一日一

日があまりにも貴重な一日であるように思えてきました。睡眠の大切さにも目覚め、良質な睡眠のためのサプリメントも使い始めました。

『ぐっすり眠れる3つの習慣』（田中秀樹）という本によると、「不眠は夜間ばかりの苦しみではありません。やる気、記憶、作業ミスなど、日中の状態に深刻な影響を与えていることを認識している人はそれほど多くありません。眠れないことをあきらめている人、また、睡眠に問題があるにもかかわらず、自分自身がそれに気づいていない人も多くいます。」とのことです。

「睡眠は8時間がちょうどよい？」という質問に対して、「実は、睡眠時間は人それぞれなのです。8時間が適切、というのは誤りです。大人は必ずしも8時間寝る必要はありません。大切なのは、人それぞれが適正な睡眠時間を見つけることです。」と述べ、「一般に、毎日6時間未満の睡眠で過ごしても熟眠感がある人をショートスリーパー、9時間以上の人をロングスリーパーといいますが、ともに実際5〜10％存在します。」と述べています。

　そして、ノーベル物理学賞を受賞した小柴昌俊さんの睡眠時間が11時間であること、居酒屋チェーン、ワタミの渡邉美樹社長の睡眠時間は、毎日5時間未満で精力的に活躍されていること、天才物理学者のアインシュタインが10時間眠るロングスリーパーであったことなどについて述べています。

　睡眠中に口呼吸を防止するためのグッズ（口を閉じるテープ）をある医師に勧められ、使用し始めて10か月余りが経過しましたが、私は素晴らしい効果を実感しております。「アレルギー性鼻炎で50年以上苦しんできた私が、ひどい鼻づまりと猛烈ないびきを毎晩経験してきたのに、口を塞いでもいいのでしょうか」とそ

の医師に質問したのですが、「やって下さい」と言われ、実践してみたところ、何とか鼻呼吸ができているのです。テープは口から外れることもなく、どちらか一方の鼻が詰まっていても、片方で鼻呼吸ができています。このようなことが可能なのかと、正直驚いております。

この医師から教えられた「口を閉じるテープ」と「あいうべ体操」を実践しているお蔭で、以前に比べて風邪をひきにくくなったように感じます。免疫力が向上するとも言われましたが、気がつかない所でもいろいろな効果が出ているのかも知れません。世の中には知らないことが沢山あることを再確認しました。

「死んで生きる」という思いを心に抱きながら、「日に日に新たに　日にまた新たなり」と心得て、生きている限り学び続けていきたいと思っております。本年（2019）4月から、市民講座を開設している、ある大学の生涯学習センターのサテライト教室に申し込み、ドイツ語中級講座と原書講読（英語）講座に通い始めました。これまで自学自習で多言語を学習してきましたが、今後は教えてもらえる場を見つけて、さらに学習を深めて行きたいと思っております。

第 **9** 章

還暦からの旅立ち
——日本語教師として10年

還暦後、日本語教師として日本語学校で教え始めて10年余りが経過しました。前著『気づきと感謝で、苦を楽に変える道を学ぶ』（2017年　風詠社刊）の中で、日本語教育についてはいろいろ思っていることを書きましたので、この章では、日本語教師として10年余りを過ごす中で起こったことや感じたこと等を書いてみたいと思います。

　私の勤務する日本語学校は、欧米からの留学生が８～９割を占めており、日本語学校に入校する目的が、日本で稼ぐことといったような学生は殆どいませんでしたので、現在ニュースになっているような、日本語学校に関する様々な問題を経験することは殆どありませんでした。ベトナムから来た留学生の万引き、モンゴル人留学生の無免許運転等々、アジア人留学生が引き起こす問題が多発し、対応に追われている日本語学校の話題がいろいろと報道されておりますが、それらの原因の一つは、日本政府の政策にあるのではないかと思われています。

　外国人技能実習生の失踪者数が発表されて、その数の多さに驚かされましたが、この問題とも密接に関連しているのが、2020年までに留学生30万人を受け入れるという政府の計画です。この目標を掲げている政府の主要目的が、留学生を就業人口として定着させることではないかと疑われております。

　2019年３月現在、法務省が告示する日本語教育機関として記載されている日本語学校は、全国で749校あるようですが、一部の異常な日本語学校の実態が話題になっております。私が日本語学校で働き始めた2009年頃は、まだ中国人や韓国人留学生が主流であったように記憶しております。近年は、ベトナムとネパールからの留学生が主流を成し、次にミャンマーとスリランカからの留

学生がそれらに続いて増えているようです。

　これらの留学生の多くは、日本語の習得が目的ではなく、日本で稼ぐために来日していると言われております。日本政府の期待する「優秀な外国人留学生」とはかけ離れた「出稼ぎアルバイター」と揶揄されているようですが、どうしてこんなことになってしまったのでしょうか。

　1983年、中曽根内閣の時に、当時2万人程度であった日本への留学生をフランス並みに10万人に増やす計画がスタートしました。当時来日する留学生と言えば、日本の大学で学ぶ外国人留学生のことであり、日本での大学進学や就職のため、日本語能力試験の2級・1級を取得することを目的に、日本語学校等でアカデミー・ジャパニーズ（学習言語）を学ぶ外国人学生は皆、就学生と呼称されておりました。

　ところが、2008年に2020年を目指して「留学生受け入れ30万人計画」が策定され、翌2009年（平成21年）7月15日公布の入管法一部改正で、在留資格「留学」が「就学」と一本化され、全て「留学」と呼称されることになり、日本の大学で学ぶ外国人留学生以外に、日本語学校に入校する外国人もまた留学生と呼ばれるようになりました。このような小細工を弄して、2019年時点の留学生受け入れ数が29万8980人に達し、目標達成は射的距離に入ったと言っておりますが、私にはひどい誤魔化しとしか思われません。

　このような考え方で、どうして「優秀な外国人留学生」の受け入れが期待できるでしょうか。日本の大学に優秀な留学生が来てもらうように様々な課題に取り組み、大学改革を始め、世界の注目を集めるような斬新な学科の新設や世界中から優秀な教師にも

来てもらわなければならないといったようなことを実現させるように大学に働きかけることもしないで、政府は、労働人口の減少や人手不足といった目の前の問題の一端を、留学生アルバイターに担わせようとしているように思われます。

国際貢献を目的に、1993年に始まった外国人技能実習制度も、低賃金で働かされる単純労働者の色彩が濃く、貧困ビジネス化しているのではないかと批判されております。2017年に失踪した外国人技能実習生の数は7000人にのぼったとのことです。この制度が開始されて以来今日まで、一体何人の実習生が失踪し、行方不明になっているのでしょうか。政府は、このような悲惨な現実に対してどのような対策を考案し、実践しているのでしょうか。

あるべき姿の日本語教育を推進しないで、日本語学校に入校する留学生を、人手不足を補うための外国人アルバイターと考えて留学生を増やそうとしているとしたら、近い将来、とんでもないしっぺ返しを受けることになるのではないかと私は危惧しております。日本語学校で日本語や日本の文化を学ぶ留学生は、資格外活動許可申請が認められ、週28時間のアルバイトができることになっても、本来の目的に集中することが強く望まれます。

幸い、私の勤務する日本語学校では、少数の例外はありますが、アルバイトをしている留学生を始め、殆どの留学生が、本来の目的を第一に考えて、日本語の学習に励んでいるように見えます。稼ぐために来日するわけではない、欧米からの留学生が8〜9割近くを占めていることが、ベトナムやネパールのような、アジアからの留学生が多い日本語学校とは状況が少し違うのかも知れませんが、一部の日本語学校の本来の姿を逸脱していることについての記事や報道に触れる度に私は残念に思っております。

　大半の日本語学校がきちんとしたコースデザインやカリキュラムのもとで、真剣に日本語教育に取り組んでいることと思いますが、日本語教育の現場には様々な問題が山積しておりますので、我が国の将来のためにも、日本語教育の推進に政府がしっかりと関わり、国内外から賞賛されるような政策を打ち出し、良い結果が得られるように真剣に取り組んで頂きたいことを、心からお願いしたいと思います。

　2018年に出版された、『コンビニ外国人』（芹澤健介）という本の「第5章　日本語学校の闇」に書かれていることによると、法務省に認可を受けた正式な日本語教育機関である日本語学校は、全国に643校を数えるとあり、「2017年だけで80校、この5年間で200校以上増えた。異常なハイペースである。」と書かれています。上述しましたように、2019年3月時点で、749校に増えていますので、公的に認可された日本語学校が、ものすごいスピードで増加しているようです。これらの学校で学ぶために来日した学生は、皆留学生ビザを入手していますので、在留資格は全員「留学」です。

　この本によれば、「日本語学校で学ぶのは最長で2年3か月までと決められていて、その間に進学先が決まらなければ、留学ビザは取り消されてしまう。もちろん半年で日本語学校を卒業して専門学校や大学へ進む留学生もいれば、2年の満期を終えて進学も就職もできずに帰国する留学生もいる。」とのことです。
「ここ数年、日本語学校は30校〜50校というペースで増加し、2017年には過去最高の643校を数えた。最近は不動産会社や人材派遣会社、健康食品会社といった異業種からの参入も相次ぎ、教育機関としての質の低下も懸念されている状況だ。しかし、なぜ

これほど日本語学校が増えているのだろうか——。後ろ盾として
その背景にあるのは、政府が進める留学生30万人計画だ。しかし、
ひと言で言えばうまみがあるからだろう。留学生ビジネスは儲か
るのである。」とも書かれています。

　儲かる理由については、「留学生からは高い学費を取り、日本
語教師は使い捨てのように雇い、一部の経営者だけが甘い蜜を
吸っている。」と書かれています。このような実態が続くことは、
決して日本のためにならないと思います。日本は、かつて植民地
の言語政策として、同化の道を選択し、現地住民を皇民化するた
めに日本語学習を強制したと言われています。太平洋戦争に負け
た日本は、戦後このことがトラウマとなって、日本語を世界に普
及することを殆ど放棄したかのように振舞ってきました。

　以前、国際交流基金に長年勤務した人が書いた本を読んだこと
がありますが、海外から日本語教材の貸し出し要請や日本語教師
の派遣要請があれば、応じることはあっても、進んで日本語を海
外にひろめようとすることは殆どなかったと述懐しておりました。
「海外における日本語教育は、1895年の台湾領有から1945年の第
二次世界大戦終結までの間、日本の植民地政策とともに広がった。
朝鮮半島、中国、台湾、シンガポール、さらにはパラオなどの南
洋の島々を含む広範な地域で日本語教育が行われた。これらの地
域では、固有の言語を使っていた現地の人々に対して、小学校な
どの教育機関で強制的に日本語を学ばせた。」(『ベーシック日本
語教育』佐々木泰子編) という歴史があります。

『帝国対民主国家の最終戦争が始まる』(三橋貴明) という本を
読むまで、日本が植民地の住民に対して、なぜ同化政策をとった
のかについて、私は確かな意見を持っていませんでした。アーノ

ルド・Ｊ・トインビー氏は、日本文明を独立したものと位置づけ、サミュエル・ハンチントン氏は、世界の８大文明を説き、その一つとして日本文明を明記していることは知っていましたが、世界の歴史を文明によって俯瞰した『文明の生態史観』のようなものはこれまで読んだことがありませんでした。

　三橋氏は、梅棹忠夫氏の『文明の生態史観』により、ユーラシア大陸を第一地域と第二地域に区別しています。第一地域の特徴として、封建制の経験をもつこと、言論が相対的に自由であり、専制君主が存在したことがないこと等をあげております。「梅棹は、ユーラシア大陸の西端と東端に位置する、西欧と日本を第一地域と名づけ、西欧と日本に挟まれた広大な地域を第二地域と呼んでいる」と三橋氏は書いています。

　封建制度が発達せず、皇帝に絶対権力が与えられ、土地の私有も不可能で、官僚制が発達した「帝国」およびその属国、衛星国の数々を、梅棹は第二地域と呼んでいると述べ、中華帝国（大清帝国等）、インド帝国、ロシア帝国、イスラム帝国（オスマン帝国・ムガル帝国等）をあげております。

　第二地域の遊牧民の家畜管理技術が「奴隷制」を生んだと述べ、ユーラシア・ステップの遊牧民は「家畜を去勢し、管理を容易にする」ことを行っていたが、その家畜管理技術から「宦官制度」が生まれ、去勢された男性である「宦官」が後宮で働くようになり、また奴隷を家畜のように管理する「奴婢制度」が発達したとのことです。日本は、中華帝国（隋や唐）から様々な文化を受け入れたが、宦官制度は受け入れを拒否し、律令制成立時に入ってきた奴婢制度は、日本の社会に根付くことはなかったとも述べています。

「日本人の多くが同意するだろうが、我々はヒトを管理すること
が苦手だ。例えば、外国人のメイドを雇い、家事や育児を頼みた
いなどと考える日本人は、極少数派だろう。東南アジアなどに赴
任する日本人が最も苦労するのは、メイドの管理である。日本人
は、現地人メイドについて、どうしても家族として認識してしま
うが、これは先方から見たら悪しきことなのだ。……日本人の多
くは外国人メイドに違和感を覚えるだろうが、他国ではそうでは
ない。理由は、そもそも日本以外のユーラシアの人々は、他人、
特に外国人を奴隷として管理する形で歴史を積み重ねてきたため
だ。そして、ユーラシアの奴隷文化は、ユーラシア・ステップの、
家畜を管理しなければ、生きていくことができないという生業、
あるいは文化伝統に根ざしているのだ。……」

「家畜を飼ったことすらない日本人が、他の人間（ときに外国
人）を管理、統制するなど、できるはずがない。しかも、日本人
は村という共同体で、日常的に互いに助け合うスタイルで生きて
きた。特に、自然災害が発生した際には、助け合いなしでは人々
は生き延びられない。普段は人間としての権利を剥奪され、所有
者に管理、統制されている奴隷が、自然災害が発生した際に助け
合いに加わってくれるだろうか。そんなはずがないわけである。
遊牧民の文化が入らず、さらに自然災害大国というわけで、日本
に奴隷文化が根付かなかったのは当然だ。……」

　ヒツジの放牧で生計を立てる、羊飼いの生き方は、一神教の成
立にもつながったと述べられています。人間という子ヒツジの群
れを管理する唯一絶対の神が存在するはずという概念が生まれた
とのことですが、確かにモーゼもダビデも元来の職業は羊飼いで
す。イエス・キリストのことを英語で「the Good Shepherd（よ

き羊飼い）」と言います。牧畜は英語で「Pastoral farming」で、プロテスタントの牧師は「Pastor」です。この本を読みながら私は、日本が植民地の現住民に対して同化政策をとった文明的背景が垣間見えてくるような気がしてきました。

　外国人就労拡大を受けて、超党派の日本語教育推進議員連盟が、外国人への日本語教育の基本法案をまとめ、日本語教育を国の責務として初めて明記し、制度化するとのことです。国が日本語学校を評価して、日常会話、業務上の会話、大学進学などを目指すアカデミック・ジャパニーズなどに、日本語の習得レベルを区別分類するとのことです。

　現在日本で働く日系人や外国人技能実習生等は、日本語教育の機会が十分に保証されておらず、日本語が分からないと高度な仕事をこなせないうえ、日常生活でも地域住民とのトラブルに巻き込まれたりすることがあります。

　『移民クライシス』（出井康博）によれば、「本来留学ビザが発給されるのは、母国からの仕送りが望めるか、奨学金を受け取るなど、アルバイト無しで日本での生活を送れる外国人に限られるのが建前なのだが、そのような原則を守っていれば、日本への留学生は増えないので、日本政府は、留学のための経費支弁能力を有さない外国人にまでビザを発給している」とのことです。

　また、「途上国の留学希望者は、自分の経済力を示すため、親の年収や銀行預金残高などの証明書の提出を求められる。年収、預金残高とも日本円で最低200万円程度が必要とされる。途上国の人々にとっては、よほどの富裕層でなければクリアできない、高いハードルである。そこで彼等の留学を斡旋するブローカーが、多額の手数料を受け取って、でっち上げの年収や預金残高が記載

された証明書を準備するのである。ベトナムのような新興国の行政機関や銀行では、賄賂さえ払えば、でっち上げの数字が並ぶ偽造証明書が簡単に入手できる。こうして準備された書類を日本側が受け入れ、留学を認めている。ビザを審査する法務省入国管理局も在外公館も数字の捏造を分かってのことである。……こうしたブローカービジネスには、直接、間接的に必ず日本人が関わっている。」とのことです。

現在中国は、世界第二位の経済大国となり、日本への出稼ぎ労働者のような留学生は確実に減っています。東南アジアでも、まだしばらく時間はかかるでしょうが、やがて自国での賃金が大幅に上昇する時がくるでしょう。そうなれば、日本に出稼ぎに行くメリットは薄らいでしまうことになるでしょう。一体どうして日本政府は、日本語教育についての百年の計を策定しないのでしょうか。

日本語という言語は国際語として通用しないとでも思っているのでしょうか。日本語を外国人留学生に10年間余り教えてきた私自身の経験からしても、日本語は十分世界で通用する言語であると言えます。高度なレベルまで日本語を習得し、日本語で本を書いて出版し、ベストセラーになっている外国人の名前を挙げて見ると、私の知っている範囲だけでも、ドナルド・キーン氏（2019年2月に亡くなられました）、マーク・ピーターセン氏、デービッド・アトキンソン氏、リービ英雄氏等々がいらっしゃいますが、日本語を母語としない多くの方々が、素晴らしい文章を日本語で書いておられます。

現在の、留学生を増やし、人手不足を補おうという政府の方針の下に行われている日本語教育はともあれ、日本語を学んで、日

本の文化や歴史等に興味を抱き、日本の文学を始め、様々な日本
事情について翻訳等を通じて、日本のことを世界に発信してもら
えるような外国人材の養成につながる日本語教育をこそ政府は、
心して推進すべきではないかと私は思っております。

　国内外で、日本語を学習する外国人の数は年々増え続けており
ます。日本語教育を本気で推進するために、予算を確保し、文部
科学省、外務省、法務省等と連係した、本格的な日本語教育推進
機関を設立し、質の高い、世界に評価される日本語教育を百年の
計として戦略的に推進し、進化させていくことが、どれほど日本
のためになるか、計り知れないほどのポテンシャルがあると考え
るのは、決して私一人ではないと思います。

『日本語教のすすめ』（鈴木孝夫）という本の中で、言語学者の
鈴木氏は、「世界中に日本語の読める人を」と題して、「私は大分
前に日本語教という名の新興宗教を興しました。勿論教祖はこの
私ですが、いまのところ残念ながら信者はほとんどいません。で
もこの宗教の説くところは至って簡単なもので、この世に折角生
を享けながら、日本語という素晴らしい言語を知らずに空しく死
んでゆく人を、一人でも少なくする努力をしようということだけ
です。」と述べています。

　そして、「もし日本語が英語やフランス語のようにとまでは行
かなくとも、世界の知識人層の中ではごく普通に学ばれる言語で
あって、日本語の新聞雑誌や各種の書籍が諸外国でどんどん読ま
れていれば、日本と諸外国との間に何かと言うと生まれる誤解や
摩擦が遙かに少なくなることは確実です。これまで世界の多くの
人にとって日本という国は、いわば暗号で書かれた分厚い本のよ
うなものでした。何か面白そうなことが一杯書いてあるようだが

日本語という暗号のわからない外国人には解読できないのです。そこでいま日本人は自分たちの手で日本という魅力に溢れた国を、日本語の分かる人を増やすことによって、世界に開く必要があるというのが私の考えなのです。日本の国際的な言語鎖国の状態を、日本の力で変えようと言うのです。」と述べています。

　さらに鈴木氏は、「これまで歴史上誰か一人でも日本語を世界に広めるべきだなどと主張し、その実現に力を尽くした人がいたでしょうか。私はいないと思います。日本人は自分たちが外国語を学んで国際対応をすること以外に、生きてゆく道がないと勝手に思い込んでいるなんともおめでたい国民なのです。」と痛烈に叱咤しております。

「日本語を国際普及しようという私の提案の骨子は、これからは諸外国がすぐれた日本の文化や進んだ技術、そして日本人の考えや意見を、日本語の書籍文献を読むことで吸収できるように、日本側として援助できることは何でもやろうということに過ぎません。ですから巨額の金銭的援助を国外における日本語教育進展のために行うのは当然のこととして、日本政府が各国に置いている外交機関の主たる重要業務の中に、当該国での日本文化の普及啓蒙、日本語教育振興のための徹底した援助活動などをはっきりと加えるべきです。これはすでに英米やフランス、そして同じ敗戦国であるドイツなどでもとっくにやっていることです。何しろ日本は戦争を国際紛争解決の手段とすることは絶対にしないことを誓ったのですから、外国との対立や摩擦を解消する日本の外交とは、言葉による他に道がないからです。戦後の日本外務省にこのような『言葉こそが棄てた武器に替わる新しい武器だ』とする言力外交が、大国日本の生きる唯一の道だという明確な認識が欠け

ているのは残念でたまりません。」と、鈴木氏は憤慨の言葉を投げつけております。

　この本が出版されたのは、2009年10月のことですから、今日まで10年余りが経過したことになります。1926年生まれの、言語社会学が専門の、慶応義塾大学名誉教授鈴木孝夫氏が、素晴らしい提言をしておられることに私は深く感謝したいと思います。日本政府が、このような提言に真摯に耳を傾け、今後の国内外の日本語教育について真剣に本気で取り組むようになることを私は心から祈っております。

　2011年3月11日に起きた東日本大震災により、多くの日本人が悲惨で絶望的な自然災害の犠牲者となったことに痛烈なショックを受けたドナルド・キーン氏が、日本に帰化し、日本人になることを決意したというニュースを聞き、私は驚きを禁じ得ませんでした。当時88歳の、コロンビア大学名誉教授、アメリカ・アカデミー会員であったキーン氏は、東日本大震災の数か月後、家具などを全部処分して、2011年9月1日に永住のため来日し、日本国籍を取得されたのでした。キーン氏のこのような行動に対して、トーストマスターズ・インターナショナル日本支部は、「希望を失っていた日本人に深い感銘と勇気を与えた」という理由で、第一回コミュニケーション・リーダーシップ賞を贈りました。キーン氏は日本語及び日本文学に造詣が深く、日本人でさえなしとげることができなかった『日本文学史』を完成されたことを始め、日本に関する多数の著作があります。キーン氏は、2019年2月に亡くなられました。96歳でした。謹んでご冥福をお祈りしたいと思います。

『日本語の美』（ドナルド・キーン）という本の「あとがき」で、

アメリカ人である著者は次のように述べています。

　この本に収録されているエッセイは、私が日本語で書いたもの
ばかりである。私が日本語で原稿を書くようになったのはもう四
十年も前のことであるが、やはり長い原稿を書く場合、英語で書
いた方が早い。ということで、日本で発表した単行本の多くは翻
訳である。しかし、日本語でなければうまく表現できないテーマ
もある。……

　この『日本語の美』という本には、「日本語の美しさ」や「美
しい日本語」といったような言葉は全く出てきませんが、日本の
「古典芸能の美」や、『源氏物語』のような物語に具現されている
「日本人の美意識」などについては書かれております。『言語世界
地図』（町田健）によると、全世界で使われている言語は六千か
ら七千だと言われています。サピア・ウォーフの仮説に従えば、
言語の数だけ文化もあるということですから、どの言語にも「そ
の言語の美しさ」を醸し出すような言葉や文章表現があるのかも
しれません。しかしながら、「言語の美しさ」は、言語それ自体
にあるというよりはむしろ、その言語を習得した人の陶冶された
人格や洗練され、身につけられた豊かな教養等に基づいて、あく
までも限定的なものとして創出されるものではないのだろうかと
私は考えています。勿論このような定義も不完全であり、様々な
矛盾を指摘されることでしょう。例えば、日本語の初歩的な「美
しい言葉」は、適切な語彙を使って、文の形を整えることから始
まるのではないかと思います。しかしながら、文法的にも語彙的
にも完璧な美しい文章を沢山作文できたとしても、それだけでは

その言語の美しさを証明することにはならないのではないでしょうか。論語の「巧言令色鮮し仁」や「美辞麗句の空々しさ」に言及するまでもなく、「言語の美しさ」は存在するとしても極めて限定的なものであるように私には思われます。

　小説の神様とも称された大作家の志賀直哉が、1946年『改造』４月号に「国語問題」というエッセイを発表し、「日本は思ひ切って世界中で一番いい言語、一番美しい言語をとって、その儘、国語に採用してはどうかと考へてゐる。それにはフランス語が最もいいのではないかと思ふ。」と提言したそうです。この発言は、一時的に世間の注目を浴びたようですが、真面目に受け取った人はほとんどいなかったようです。志賀直哉自身はフランス語を話せなかったそうですから、その提言の背景が曖昧です。フランス語を習得した経験を踏まえての提言であればまだしも、その言語を習得しようと努力することもなく、その時代に世界中で重んじられていた言語が美しい言語だと思ったとすれば、勘違いも甚だしいと言わなくてはなりません。

　キーン氏は『日本語の美』の中で、「国際語としての日本語」と題して次のように述べています。

　二十年ほど前にソ連旅行をしたことがあるが、モスクワやレニングラード大学の日本語科の教師や学生に会い、専ら日本語を使っていた。レニングラードのホテルから空港までのインツーリストの自動車に乗る前、三人のソ連人の女性に見送られ、丁寧な日本語の挨拶を言われた。「折角遠いところまでおいでになって下さいましたのに何のお構いもできませんでした」と言われたので、私も負けずに「いいえ、身に余るほどの御接待に与ってお礼

の言葉もございません」と相槌を打った。言うべき挨拶を全部言ってからいよいよ自動車に乗った。その時始めて分ったが、私と同様に空港へ向う日本人旅行者が前から乗っていて私たちの会話をずっと聞いていた。彼は、私がソ連人ではなく、共通な言葉は日本語しかないということを勿論知るすべがなく、どうしてソ連人同士が日本語をしゃべるのかと不思議がっていたに違いない。……やはり日本人にとって外国人が日本語を話すのは不気味のようである。が、好むか好まざるかは別問題として日本語はどんどん国際語になっている。日本で行う国際会議の場合、日本語を使う外国人の代表が増えていっても驚くにはあたらない。

　キーン氏の主張に私も大賛成です。ある日、私は本屋で『英語でよむ万葉集』（リービ英雄）を立ち読みしている途中、涙がこみあげて止まらなくなり、感涙にむせびながら、しばらくこの本を読み続けたのでした。リービ氏の日本語に、そして英訳された英語に、体が震える程感動したのでした。これまでも私は日本語や英語の小説などを読みながら何度も感銘を受け、涙したことがありました。このような感銘は「美しい日本語」や「美しい英語」の言葉や表現によって引き起こされたのではありません。『英語でよむ万葉集』の場合は特に、リービ氏が使っている、詩的で言霊の溢れた日本語と英語に強烈に、さらにまた鮮烈に触発されたからだと思います。

　1066年のある日から300年余りにわたって、英語という言語は、上位言語となったフランス語に苛め抜かれることになり、結果、英語は人称代名詞や品詞の格変化等の大半を消失してしまったと言われております。英米が世界の名立たる強国であったことはも

とより、このこともまた現在英語が国際語として重宝されている一因ではないかと考えられます。日本語が今後国際語への道をさらに辿る途上で、敬語を始め、漢字や語彙の制限的使用等に関して、ある程度の簡略化が避けられないと思われますが、本気で日本語を国際語にしたいという願望が日本政府にあるのかどうかの方がもっと問われるべき問題なのかもしれません。日本語は決して日本民族だけのものではありません。私は日本語学習の輪を世界中に広げたいと熱望しております。

　ここで少々日本語の歴史の一端を簡単に素描してみたいと思います。日本語は6世紀の初めごろまでは話し言葉だけで、言語表記の手段である文字を持ちませんでした。552年の仏教伝来以降、サンスクリット語から中国語に翻訳された仏教経典の学習を始め、漢字や漢詩などの学習が進展する中で、大和言葉を漢字という文字で表記するための字音作りが盛んになります。背後には、当時日本に住んでいた中国人や朝鮮人の一部が教師となって指導の任に当たったのであろうと推察されます。「やま」「かは」「はな」は、「夜麻」「可波」「波奈」などと表記され、やがて「万葉仮名」と呼ばれる大和言葉を表記するための文字群（全て漢字）が誕生しました。712年に成立した『古事記』の本文の「久羅下那洲多陀用弊流」は、「くらげなすただよえる」と解読されました。759年頃に完成した『万葉集』の「由吉能伊呂遠　有婆比弓佐家流　有米能波奈　伊麻左加利奈利　弥牟必登母我聞」という和歌は、「ゆきのいろを　うばひてさける　うめのはな　いまさかりなり　みむひともがも」と解読され、「雪の色を奪ったかのように白い梅の花が今を盛りと咲いている。見る人がいればいいのになあ」という意味の素朴な歌です。

漢文の日本語への翻訳過程から9世紀の初め頃にカタカナが生まれ、10世紀の初め頃に漢字の草書体から平仮名が生まれたと言われています。『源氏物語』の完成年度は1008年頃とされています。日本語が飛躍的に豊かになったのは明治時代ではなかったかと思われます。「じゃんぎり頭をたたいてみれば文明開化の音がする」と、近代化や欧化主義の風潮を表現した「文明開化」の音がする中で行われたことの一つが、アルファベットで記述された欧州言語の中の数か国語の日本語への翻訳作業を通じて、数多くの和製漢語が創り出されたことです。これは日本語史上の画期的な出来事であったと思われます。和語は、恋の歌を始め、素朴な内容の表現には向いていますが、哲学や科学などの分野では、限定的にしか使用できないのではないかと思われます。それに対して、漢語は事物の概念を表すことができる語種として、日本語の表現内容の裾野を格段に広げてくれました。明治時代には言文一致運動も盛んに行われ、この時代の日本語は、飛躍的に進化し、現在の日本語の基盤が造られたと言っても過言ではないと思います。

　現在は、カタカナを使って、外国語を日本語に翻訳することが盛んなようですが、このようなことができることもまた現在の日本語が持つ優れた特長の一つではないかと私は考えています。カタカナ語の氾濫などと批判される一面もありますが、外来語の「サボタージュ」と和語の「る」が一語になって「サボる」という言葉ができたように、日本語に四つの語種（和語・漢語・外来語・混種語）があることが、日本語という言語に豊かな表現力を与えてくれているのではないのでしょうか。「日本語の美しさ」の「美しさ」を「優れていると評価できる点」と解釈すれば、現在の日本語には外来語をカタカナで表現し、日本語文の中に融合

させることができることもその優れた点の一つであると言えるの
ではないでしょうか。世界の40か国余りから日本語学習のために
来日した、多くの外国人留学生に10年余りにわたって日本語を教
えて来た私自身の経験から、現在の日本語もまた国際語の一つと
して十分に機能できる言語であるという確信を深めることができ
ました。

おわりに

　私は、元大蔵省理財局資金企画室長という現在の財務官僚としての仕事を経験され、小泉内閣、第一次安倍内閣のブレーンとしても、数々の政策を提案・実現されてきた高橋洋一氏の『日本の老後の正体』を始め、同氏の手によるその他の作品の中で、「国の借金1000兆円」、「日本の年金は破綻する」などという、意図的に流布された「ウソ」の情報が、会計学に基づき、事実・データ・数値等を示して論破され、丁寧に説明されているのに、なぜ一般紙の記事にならないのか、テレビ等で報道されないのか、不思議で仕方がありません。

　『財務省と大新聞が隠す本当は世界一の日本経済』（上念司）と題する本の中でも、会計学に基づいて、財務省の嘘を徹底的に論破しております。財務省キャリア官僚の出身大学と出身学部を列挙し、東京大学法学部出身が３分の１を占めていることを確認の上、法学部出身ということに疑問を呈するとともに、「明らかに低学歴な財務官僚」と述べ、先進国でも発展途上国でも普通、経済のテクノクラートは経済学博士号を持っております。」と述べています。

　失われた20年と言われるようになった時代に、財務政策の舵取りをしてきた財務省の官僚が作成したと思われる「社会保障・税一体改革の論点に関する研究報告書」の一部が、『日本の老後の正体』（高橋洋一）の中に掲載されておりましたが、会計学的分析ができていない（もしかしたら故意にそうしたのでしょうか）報告書の内容に私は驚嘆しました。しかしながら、このようなこ

とは一般の新聞やテレビの話題に上ることは全くありません。この国は一体どうなっているのでしょうか。

2019年5月1日から、新しい元号がスタートし、平成から令和の時代に入りました。平成の30年余りの間は、日本では戦争はありませんでしたが、世界に目を転じると、様々な内戦やテロが蔓延しているように見えました。これまでの人間の歴史において、「平和」という状態は、極めて一時的なもので、常態は「戦争」という忌まわしく、恐ろしい状況の連続であり、過去の歴史を繙けば、人類の生き様は、戦争を避けて営まれることはないのだろうかという疑念を抱かざるを得ません。

『プラトンの呪縛』(佐々木毅) と題する本には、「本書で取り上げたクロスマンの言葉によれば、第一次世界大戦以前にあっては、プラトンの著書『ポリテイア (国家)』は現実性とは無縁な『理想国家論』として扱われ、プラトンは現実の生活に迂遠な超越的世界を夢想する理想主義者とされてきたが、戦後になるとプラトンの時代における思想的・社会的秩序の崩壊がヨーロッパの現実にとって切実な意味を帯びるとともに、彼の大衆認識や政治的処方箋は生々しい意味を持つリアリズムを帯びるものとなったのであった。プラトンは夢想する理想主義者から容赦のないリアリストへと変貌し、俗にいうところの神棚にあげて拝んでいるわけにはいかなくなった。」と、プラトンが論争の標的になったことについて具体的な事例を挙げて述べています。

「古代ギリシアの大哲人が二十世紀に大きな論争を巻き起こしたということは意外な感じを与えるかも知れないが、『プラトンはファシストであった』といった類の議論をめぐって激しい論争が行われたのである。」と述べ、プラトンをヘーゲルやマルクスと

一緒に、全体主義の思想家として激しく批判しているカール・ポパーの著書『開かれた社会とその敵』や、その他の著者の幾つかの作品を取りあげて、このような論点についての佐々木氏の思想が、様々に展開されております。

そして、ポパーの作品から半世紀を経て、フランシス・フクヤマの『歴史の終焉』などに代表されるように、自由民主主義に挑戦する左右の思想はその力を失ったという見解が有力であると述べ、「自由民主主義は二十世紀前半に重大な政治的・思想的危機に遭遇したが、冷戦の終焉を経て世紀末に至ってその安定した思想的地位を確立したのである。」と述べています。

21世紀に入り、『歴史の終焉』（フランシス・フクヤマ）よりは、サミュエル・ハンチントンの『文明の衝突』の方が現実味を帯びてきているように感じられますが、今世紀が先へ進む途上で、どのような出来事が待ち構えているのか、想像すらできません。何事も有為転変し、瞬間、瞬間、変化しておりますので、書物に書かれた内容を正しく理解するためには、その時代の背景知識等が不可欠でしょうから、歴史を始め、様々な分野の知恵や知識を学びながら、誤った情報やプロパガンダ的な思想等に欺かれないように努めて参りたいと思います。

我が国においても、戦争中は、山本常朝の「葉隠」の思想や鎌倉時代の仏教僧・日蓮の思想等が体制側に都合の良いように解釈され、悪用された事実がありました。古代ギリシアの哲学者・プラトンがファシストであったと批判されたこと等について書かれた『プラトンの呪縛』（佐々木毅）には、1933年にドイツで刊行された、ある本の中に、「ヒトラー論とプラトン論との生々しい一つの結合形態を見ることができる。」と書かれていましたが、

そのような本が当時のドイツで出版されたのは、ナチズムを正当化するためであったのだろうと私は思いました。

　私は、「ブック・ハントのすすめ——読書により"知識を知恵に変える"道を学ぶ——」と題して、これまで読んだ本の中からいろいろ引用したり、自分自身の考えを述べたりして、ここまで書いてきましたが、何事も断定することは、殆どできませんでした。私は、若い頃、「絶対」という言葉をよく使っていたように思います。還暦を迎える頃から、何事も相対化することが必要であると考えるようになりましたので、「絶対」という言葉を殆ど使わなくなりました。特に宗教は「絶対」の教義をもっていますから、そのためにどれほどの血が流されたか、過去を振り返ってみれば、誰人も慄然とすることでしょう。

　私は今年（2019年）８月で満73歳を迎えますが、今後も頭脳が明晰である限り、読書を続けていきたいと思っています。また、若い人たちが書物に親しめるように、読書の効用を説き続けていきたいと決意しております。

2019年６月

〈主な参考文献〉

『広辞苑　第六版』（新村出編　岩波書店　2008）

『棟居刑事　悪の山』（森村誠一　角川書店　2018）

『知的余生の方法』（渡部昇一　新潮社　2011）

『知らないと危ない！　サプリメントの利用法と落とし穴』（生田哲　講談社　2004）

『NATURE AND LIFE』（A. N. Whitehead　開文社　1966）

『哲学的思考のすすめ』（竹内均　PHP研究所　1997）

『デカルト読本』（湯川佳一郎／小林道夫編　法政大学　1998）

『医学常識はウソだらけ　分子生物学が明かす「生命の法則」』（三石巌　祥伝社　2009）

『魂の伴侶』（ブライアン・L・ワイス　山川紘矢・亜希子訳　PHP研究所　1999）

『シッダルタ』（ヘルマン・ヘッセ　手塚富雄訳　岩波書店　2017）

『国家の品格』（藤原正彦　ジャイルズ・マリー訳　IBCパブリッシング　2007）

『日本人の矜持　九人との対話』（藤原正彦　新潮社　2011）

『英詩の理解』（吉竹迪夫　吾妻書房　1967）

『ワーズワース詩集』（田部重治選訳　岩波書店　1988）

『知の最先端』（大野和基　PHP研究所　2013）

『日の名残り』（カズオ・イシグロ　土屋政雄訳　早川書房　2019）

『ミトコンドリア・ミステリー』（林純一　講談社　2008）

『99.9%は仮説』（竹内薫　光文社　2006）

『ヒトはどうして死ぬのか　死の遺伝子の謎』（田沼靖一　幻冬舎　2010）

『The Adventures of Sherlock Holmes』（コナン・ドイル　講談社インターナショナル　1994）

『シャーロック・ホームズ17の愉しみ』（J. E. ホルロイド　小林司・東山あかね訳　河出書房新社　1989）

『歯原病』（中島龍市　現代書林　2015）

『ここまで来た「あの世」の科学』（天外伺朗　祥伝社　2005）

『前世療法』（ブライアン・L・ワイス　山川紘矢・亜希子訳　PHP研究所　2010）

『プラトンの哲学』（藤沢令夫　岩波書店　2001）

『活眼活学』（安岡正篤　PHP研究所　1988）

『戦争はなくならない　世界史の正しい読み方』（謝世輝　光文社　1992）

『帝国対民主国家の最終戦争が始まる』（三橋貴明　ビジネス社　2018）

『国際交流SPEAKING』（松尾弍之　筑摩書房　1988）

『古代への情熱』（ハインリッヒ・シュリーマン　関楠生訳　新潮社　1988）

『食べ物さんありがとう』（川島四郎・サトウサンペイ　朝日新聞社　1989）

『孤独を生ききる』（瀬戸内寂聴　光文社　2002）

『徳川家康』（山岡荘八　講談社　1987）

『少女パレアナ』（エレナ・ポーター　村岡花子訳　角川書店　1998）

『どん底のたたかい　わたしの満鉄時代』（具島兼三郎　九州大学　1980）

『海と毒薬』（遠藤周作　講談社　2017）

『太陽と鉄』（三島由紀夫　中央公論社　1987）

『ぐっすり眠れる３つの習慣』（田中秀樹　ベストセラーズ　2008）

『コンビニ外国人』（芹澤健介　新潮社　2018）

『ベーシック日本語教育』（佐々木泰子　ひつじ書房　2008）

『移民クライシス』（出井康博　角川書店　2019）

『日本語教のすすめ』（鈴木孝夫　新潮社　2009）

『言語世界地図』（町田健　新潮社　2008）

『日本の「老後」の正体』（高橋洋一　幻冬舎　2019）

『財務省と大新聞が隠す本当は世界一の日本経済』（上念司　講談社　2016）

『プラトンの呪縛』（佐々木毅　講談社　2000）

『日本語の美』（ドナルド・キーン　中央公論新社　2011）

〈著者紹介〉

濱邊秀喜(はまべ ひでき)

　1946年8月生まれ。北九州大学（現 北九州市立大学）外国語学部米英学科卒。
　県立高校英語科教諭。団体職員。
　定年後、ロンドン教育大学院大学（英国国際教育研究所）で日本語教師の免許（Postgraduate Certificate Teaching Japanese as a Foreign Language）を取得。
　元気日本語文化学校（Genki JACS）福岡校契約講師。
　著作『気づきと感謝で、苦を楽に変える道を学ぶ 還暦からの旅立ち―日本語教師として』（風詠社 2017）

カバーイラスト　飯田研人

ブック・ハントのすすめ
──読書により"知識を知恵に変える"道を学ぶ──

2020年3月19日　第1刷発行

著　者　　濵邊 秀喜
発行人　　久保田貴幸

発行元　　株式会社 幻冬舎メディアコンサルティング
　　　　　〒151-0051　東京都渋谷区千駄ヶ谷4-9-7
　　　　　電話　03-5411-6440（編集）

発売元　　株式会社 幻冬舎
　　　　　〒151-0051　東京都渋谷区千駄ヶ谷4-9-7
　　　　　電話　03-5411-6222（営業）

印刷・製本　シナジーコミュニケーションズ株式会社
装　丁　　町口　景（MATCH and Company Co., Ltd.）

検印廃止
©HAMABE HIDEKI, GENTOSHA MEDIA CONSULTING 2020
Printed in Japan
ISBN 978-4-344-92742-1 C0095
幻冬舎メディアコンサルティングHP
http://www.gentosha-mc.com/